Michael Köhlmeier
Der Menschensohn

W0247356

Zu diesem Buch

Jesus Christus, Sohn Gottes und Erlöser, trat als Mensch auf, sammelte um sich Anhänger, predigte Liebe und Vergebung, bewirkte Wunder und wurde am Kreuz hingerichtet. Die Passion, die Geschichte vom Leiden Jesu und seiner Auferstehung, ist nicht nur das eindrucksvollste Glaubenszeugnis der christlichen Urkirche, sondern auch ein Mythos, eine Sage, die Michael Köhlmeier herausforderte, sie auf seine eigene Art frei zu erzählen. Ihn interessieren nicht die theologische Deutung oder die historische Beweisführung. Vielmehr reizt ihn die zeitlose Gegenwart, die in den Bildern und Zeichen der überlieferten Geschichten steckt. In den Mittelpunkt stellt er nicht Jesus, sondern einen der zwölf Apostel, der das Geschehen miterlebt hat: den ungläubigen Thomas, Baumeister im Dienst des römischen Statthalters, den Zweifler und Skeptiker. – Köhlmeier erzählt die Ereignisse von Jesu Einzug in Jerusalem bis zu seiner Kreuzigung und Auferstehung als aufregende Menschengeschichten von Liebe und Verrat, Zweifel und Vertrauen, Not und Erlösung.

*Michael Köhlmeier*, geboren 1949, wuchs in Hohenems / Vorarlberg auf, wo er auch heute lebt. Für sein Werk wurde er unter anderem mit dem Manès-Sperber-Preis, dem Anton-Wildgans-Preis und dem Grimmelshausen-Preis ausgezeichnet. Zuletzt veröffentlichte der österreichische Bestsellerautor den Roman »Geh mit mir«. Als Taschenbuchausgaben seiner freien Nacherzählungen liegen außerdem vor: »Sagen des klassischen Altertums« (drei Bände), »Die Nibelungen« und »Geschichten von der Bibel«.

# Michael Köhlmeier
# Der Menschensohn

Die Geschichte vom Leiden Jesu

Piper München Zürich

Originalausgabe
April 2001
© 2001 Piper Verlag GmbH, München
Umschlag: Büro Hamburg
Stefanie Oberbeck, Isabel Bünermann
Umschlagabbildung: Giotto (Ausschnitt aus einem Fresko
in der Cappella degli Scrovegni, Padua)
Foto Umschlagrückseite: Franz Hubmann
Satz: Uwe Steffen, München
Druck und Bindung: Clausen & Bosse, Leck
Printed in Germany   ISBN 3-492-23312-0

# Inhalt

Inhalt

ERSTES KAPITEL

# Warten auf den Messias

# Der Zwilling

Es war einmal ein Mann, der hieß Judas. Er lebte in Jerusalem. Als er ein Kind war, herrschte Kaiser Augustus über das Römische Imperium, als er ein Mann war, Kaiser Tiberius. Jerusalem war die Hauptstadt von Judäa, und Judäa war eine römische Provinz. Ein römischer Statthalter regierte hier. Der Posten mußte übrigens immer wieder neu besetzt werden, denn keiner hielt es lange an diesem Platz aus, elende Provinz war dieses Jerusalem, fern von der Weltläufigkeit und der Eleganz der Metropole.

Judas war ein häufiger Name. Jeder in Judäa kannte einen Judas. Und wenn sich Leute unterhielten und von einem Judas sprachen, dann gab es immer einen, der fragte: Welchen Judas meinst du? Und dann sagte man: Den aus diesem Dorf oder den aus jenem Dorf oder den von dieser Straße oder den von jener Straße, und man hängte den Namen des Dorfes oder den Namen der Straße an den Judas an. Aber weil es in den meisten Dörfern und in den meisten Straßen mehrere Männer mit dem Namen Judas gab, genügte das nicht, und so wurde es Mode, daß man Übernamen erfand: Judas der Grinser, Judas das Schlitzohr, Judas mit den feuchten Augen, Judas, der sich nichts merken kann, Judas der Spucker ... Den Judas, von dem ich erzählen möchte, nannte man den Thomas. Thomas heißt »der Zwilling«.

Warum wurde er »der Zwilling« genannt? Von einem Bruder oder einer Schwester ist nichts bekannt. Was weiß man über seinen Vater, seine Mutter? Nichts. Woher stammte Thomas? Ist er in der Stadt aufgewachsen, in Jerusalem? Es wird nichts darüber berichtet. Ich glaube, er kam vom Land in die Stadt. Ich schließe es aus seinem Verhalten.

Thomas war nicht verheiratet. Und er hatte keine Kinder. Er war ungebunden, es gab keine Verwandtschaft, mit der er Kontakt pflegte, die ihm etwas bedeutete. Er war wohlhabend, besaß ein eigenes Haus im Stadtkern von Jerusalem, er hatte keine Freunde. Er wollte allein sein. Und er konnte allein sein. Bei Tag während der Arbeit hatte er viel mit Menschen zu tun, er war geschätzt, seine zurückhaltende, sachliche Art, ein Gespräch zu führen, seine fachliche Kompetenz, aber vor allem seine Fähigkeit zuzuhören machten es seinen Mitarbeitern leicht, sich an ihn zu wenden, wann immer sie einen Rat brauchten. Er hörte zu – solange sie ihm nicht mit ihren persönlichen Dingen kamen. Letzte Distanz hielt Thomas allemal. Aber es wäre ohnehin niemandem eingefallen, mit ihm über die Ehefrau oder die Probleme mit den Kindern zu sprechen. Am Ende des Tages sehnte sich Thomas danach, die Tür zu seinem Haus hinter sich zu schließen. Ja, er wollte allein sein, und er konnte es.

Nur wenigen gestattete es Thomas, ihn in seinem Haus zu besuchen. Man war neugierig, wie es bei ihm aussieht. Sehr gepflegt sehe es aus, hieß es. Was heißt gepflegt? Sauber, aufgeräumt. Leer, unbewohnt, kalt? Nein, ganz und gar nicht. Viele schöne Dinge könne man dort sehen. Das Haus mache innen einen gemütlichen Eindruck. Gemütlich? Gemütlich für wen? Einer erzählte, er habe den Thomas danach gefragt. »Es sieht hier aus, als hättest du oft Gäste«, habe er gesagt. »Aber ich weiß, du hast nie

Gäste. Warum sieht es hier so aus?« – »Ich bin mein eigener Gast«, habe Thomas darauf geantwortet und dabei gelächelt, was bei ihm selten vorkam.

Wer mit sich allein ist, muß sich disziplinieren, will er nicht verwahrlosen. Für wen mache ich am Morgen das Bett? Doch nur für mich. Für wen decke ich den Tisch? Für wen wische ich den Staub, wasche ich meine Kleider? Für wen pflege ich meinen Körper? Allein für mich, für mich. Nur wenige können mit sich selbst allein sein. Man muß sich im Auge behalten. Muß so tun, als sähe man sich mit den Augen der anderen. Wer mit sich selbst allein sein kann, der hat auch gelernt, sich selbst zu beobachten. Selbstbeobachtung aber ist Voraussetzung von Selbsterkenntnis, und Selbsterkenntnis ist nach antikem Vorbild die höchste Form menschlicher Erkenntnis, Grundlage für und einziger Weg zum Glück.

Thomas glaubte sich durchaus in der Lage, sich selbst zu erkennen. Mit Zufriedenheit oder gar Glück erfüllte ihn das allerdings nicht. Im Gegenteil. Thomas war ein Zweifler. Vielleicht liegt darin sein Übername begründet. Der Zwilling und der Zweifler – diese beiden Worte haben einen gemeinsamen Stamm, nämlich »zwei«.

Die Ruhe und die Ausgeglichenheit, mit denen er den Menschen draußen begegnete, waren nur Schein. Thomas war im Umgang mit anderen angenehm, und er war in der Lage, mit sich selbst allein zu sein, aber ausgeglichen war er nicht, und von Zufriedenheit, von innerer Ruhe war er weit entfernt. Er war ein innerlich Entzweiter, ein Zerrissener. Oft auch ein Verzweifelter.

Trost konnte die Bibel spenden. Da las Thomas im fünften Buch der Tora das Versprechen des sterbenden Moses: »Einen Propheten wie mich wird der Herr, dein

Gott, dir erwecken aus dir und aus deinen Brüdern; dem sollt ihr gehorchen.« Das versprach Hoffnung auf Erlösung. Hoffnung auf einen Gottgesandten, der die Menschen aus Bedrückung und Verzweiflung führen sollte. Der Gesalbte. Der Messias.

Es war eine messianische Zeit, in der Thomas lebte. In den Herzen der Menschen war eine Heilserwartung, die manchmal an Hysterie grenzte. Selbsternannte Propheten zogen durch die Stadt, verkündeten ihre Botschaften, zum Teil offenkundig verrückt, schreiend, augenrollend, fäusteschwingend. Und viele Menschen folgten ihnen.

Thomas widerten diese Rasereien an und daß die Menschen meinten, je verrückter einer war, desto mehr sei er vom Geist Gottes beseelt. Als ob ein klarer Verstand, Logik, Kausalität Erfindungen des Teufels Samael seien.

Und er las im Buch: »Doch wenn ein Prophet vermessen ist, zu reden in meinem Namen, was ich ihm nicht geboten habe zu reden, derselbe Prophet soll sterben.«

Aber er las auch in den Psalmen des David: »Der Herr ist mein Hirte; mir wird nichts mangeln. Er weidet mich auf einer grünen Aue und führet mich zum frischen Wasser. Er erquickt meine Seele; er führet mich auf rechter Straße um seines Namens willen.«

Das Buch war ihm Trost, aber Thomas war sich auch bewußt, es ließ sich vieles herauslesen, und wer ein Argument nötig hatte, und sei es für eine noch so irrsinnige These, der brauchte sich gar nicht so viel Mühe zu machen, er würde in der Bibel ein Argument finden.

Manchmal ergriff den Thomas blankes Entsetzen – daß bereits alles verloren sein könnte, was seinem Leben Halt gab. Er war der Zweifler, der Entzweite, der sich danach sehnte, glauben zu können, und der doch ein Ungläubiger war.

Zu jener Zeit, von der ich erzähle, war Thomas dreißig Jahre alt. Ein großer, schlanker Mann, der sein Haar gut pflegte und seinen Bart kurz hielt. Von Beruf war er Architekt, Baumeister, Ingenieur. Und: Er stand im Dienst des römischen Statthalters von Jerusalem. Das war an sich schon ungewöhnlich. Thomas war Jude. Obendrein aber war ihm eine leitende Funktion bei der städteplanerischen Neugestaltung von Jerusalem zugeteilt worden. Und das war mehr als ungewöhnlich.

Die Römer trauten den Juden nicht. Sie verachteten die Juden und wurden von den Juden verachtet. Judäa galt als eine der schwierigsten Provinzen im ganzen Römischen Reich. Wenn der Statthalter von Judäa einem Juden eine solche Aufgabe übertrug, dann mußte ein ausreichender Grund dafür vorliegen. Entweder der Jude verfügte über satte Protektion – oder über hervorragende Fähigkeiten.

Es ist nicht bekannt, daß der Einzelgänger Thomas über Beziehungen verfügte, auch nicht, daß er sich etwa mit Spitzeldiensten nützlich und unentbehrlich gemacht hätte, was oft der wahre Grund war, wenn die römischen Behörden mit Juden auf welchen Gebieten auch immer zusammenarbeiteten. – Nein, wir dürfen getrost davon ausgehen, daß Thomas seine – in den Augen seiner Landsleute übrigens höchst zweifelhafte – Karriere ganz allein seinen Fähigkeiten als Baumeister, Architekt, Ingenieur verdankte.

## Pontius Pilatus

Statthalter von Judäa war zu jener Zeit Pontius Pilatus. In den Evangelien wird er als ein weicher Charakter, als ein zögerlicher Mensch beschrieben. Sympathie schwingt in den heiligen Erzählungen mit, Sympathie für einen philosophischen Kopf, der sogar in den brenzligsten Situationen – und das auch noch in aller Herrgottsfrühe! – keine Gelegenheit ausließ, sich über Fundamentales seine Gedanken zu machen, zum Beispiel darüber, was Wahrheit sei.

Man darf den Evangelien in der Beschreibung des Pontius Pilatus nicht bedingungslos folgen. Die Evangelien sind zu einer Zeit geschrieben worden, als der Terror Roms einen Höhepunkt erreicht hatte. Die Verfasser hatten Angst vor Verfolgung. Zu Recht, wie man weiß. Es sind Juden wegen weitaus Geringerem hingerichtet worden als wegen kritischer Beurteilung eines römischen Beamten, zumal diese Kritik ja schriftlich vorgelegen und vor einem Schnellgericht nicht hätte bestritten werden können.

Andere, glaubwürdigere Quellen beschreiben Pontius Pilatus als einen besonders grausamen, einen besonders rücksichtslosen Statthalter. Ein Zeitgenosse beklagt in einem Brief an einen Freund, der Statthalter von Judäa sei von Natur aus unbeugsam, eigenwillig und unnachgiebig, ihm würden Bestechlichkeit, Gewalttätigkeit, Räubereien, Mißhandlungen, Beleidigungen, Hinrichtungen ohne Gerichtsverfahren und unerträgliche Grausamkeiten nachgesagt. Nein, dieser Pontius Pilatus war kein weicher Mann, und ein philosophischer Kopf war er schon gar nicht.

Dabei wollte er gewiß nichts anderes, als seinem Kaiser gefallen – und sich nebenbei gründlich bereichern, was ihn jedoch von anderen Statthaltern nicht unterschied. Judäa war eine schwierige Provinz, Jerusalem für einen Römer ein Alptraum von einer Stadt. Bevor der Kaiser – es war noch Augustus – einen römischen Beamten als Statthalter hierher geschickt hatte, stand die Region unter der Herrschaft von König Herodes dem Älteren, der auch der Große genannt wird. Dieser jüdische König war nichts weiter gewesen als eine willfährige Marionette Roms, dem der ferne Kaiser zwar genügend Spielraum für seine persönlichen grausamen Neigungen ließ, der in politischen Fragen allerdings keine eigene Meinung hatte und auch nicht haben durfte.

Unter Herodes herrschte der blanke Terror. Der König litt unter einem Verfolgungswahn. Wo immer er Widerstand vermutete, schlug er zu. Und dann erzählte ihm ein Hellseher von einem neugeborenen Kind, das der zukünftige König der Juden werden wird, und Herodes befahl noch in derselben Nacht den Mord an allen Neugeborenen der Stadt Bethlehem. Diese Grausamkeit war nicht zu überbieten, sie gab dem Mann eine düstere Berühmtheit, die bis heute anhält.

Nach dem Tod des Herodes ging ein Aufatmen durch das Land. Viele Flüchtlinge kehrten zurück. Man hielt zwar nichts von den Römern, ärgerte sich grundsätzlich über ihre Anwesenheit, wich ihnen aus, wo es nur möglich war, der Name von Drangsal, Angst und Verzweiflung aber war Herodes.

Und als sich die Söhne des Herodes über die Nachfolge nicht einigen konnten und Kaiser Augustus vom fernen Rom aus den Streit beendete, indem er per Dekret die uninteressanten Gebiete im Norden und Osten auf die Erben aufteilte, Judäa mit seiner Hauptstadt Jerusalem aber einem römischen Statthalter unterstellte, da meinten die Leute zuerst, nun brechen bessere Zeiten an. Denn trotz aller Gegnerschaft zum Römischen Reich hatte man doch einen gewissen Respekt vor dem römischen Recht. Nach der Willkürherrschaft des Herodes schenkte man diesem ausgeklügelten juristischen System doch ein gewisses Vertrauen.

Das Recht galt als eine der wichtigsten Säulen des Imperiums. Von den Römern wußte man außerdem, daß sie sich um folkloristische Angelegenheiten anderer Völker nicht viel scherten. Die meisten Römer sahen in der Religion der Juden eine Art Folklore, eigentlich eine Kuriosität: eine Religion, in der es nur einen Gott gibt! Also durfte man damit rechnen, wenigstens in dieser Hinsicht nicht belästigt zu werden. Die freie Religionsausübung aber war den Juden so wichtig wie frei atmen zu können.

Die Hoffnungen der Menschen wurden jedoch bitter enttäuscht. Rom war nicht liberal. Von Tiberius weiß man, daß er die Juden haßte – übrigens genauso wie sein Vorgänger Augustus. Sueton, der Kaiserbiograph, berichtet, Tiberius habe den jüdischen Kult abschaffen wollen, die Religion der Juden habe er als flachen Aberglauben abgetan. Wer sich nicht assimilieren wollte, der sollte gebrochen werden.

Dem Terror des Herodes folgte die Unterdrückung durch die Römer. Reaktion darauf war der Widerstand der Juden. Und in diesem Punkt täuschten sich die Römer – der Widerstand gegen ihre Herrschaft schien sich in dieser Provinz nicht brechen zu lassen. Der erste Statthalter wurde schon bald wegen Zimperlichkeit abgesetzt, der zweite ging nach wenigen Monaten freiwillig, der dritte blieb keine zwei Jahre. Einen vierten mußte man bereits suchen. Man riß sich nicht darum, Statthalter von Judäa zu werden.

Dann kam Pontius Pilatus. Er war anders als die anderen. Laut dem jüdischen Historiker Josephus Flavius war er der erste, der offen die jüdischen Gesetze mißachtete. Seine Vorgänger hatten sich um religiöse Belange tatsächlich nicht gekümmert. Sie hatten Steuern abgepreßt und wenigstens formal Loyalität eingefordert. Pontius Pilatus provozierte. Beleidigte. Ließ kaiserliche Standarten im jüdischen Tempelbereich aufstellen. Schleuste Provokateure unter die empörte Menge. Schickte zivile Schlägertrupps aus.

Sicher war Pilatus überzeugt, daß sein Herrschaftsstil auf höchster Ebene gern gesehen wurde. Er kannte ja die Abneigung des Tiberius gegen die Juden. Pilatus hat sich dann allerdings kaiserlicher als der Kaiser aufgeführt. Nach einem Massaker unter der einheimischen Bevölkerung, das er wegen einer Kleinigkeit und aus einer Laune heraus befohlen hatte, wandten sich die Überlebenden an den Statthalter von Syrien um Hilfe. Der ließ sich die Angelegenheit erläutern und war offenbar so erschüttert, daß er gegen seinen Kollegen Anzeige in Rom erstattete. Wenn man einrechnet, daß dieser syrische Beamte ebenfalls kein Zimperling gewesen sein dürfte, weil er sonst diesen Posten gewiß nicht angestrebt und auch gewiß nicht bekommen hätte, dann kann man sich ungefähr vorstellen, wie sich Pontius Pilatus in Judäa aufgeführt hat. Manche sagen, er sei schlimmer gewesen als Herodes der Große. Jedenfalls war auch dem Kaiser das Treiben seines Statthalters zuviel. Vielleicht paßte es ja auch nur nicht in eine neue Opportunität.

Jedenfalls zitierte Tiberius den Pontius Pilatus nach Rom. Dort hätte sich der Statthalter einem Gerichtsverfahren wegen Amtsmißbrauchs stellen müssen. Pilatus entzog sich seinem Prozeß durch Selbstmord. – Das wird allerdings erst etliche Jahre später geschehen.

Um unsere weitere Geschichte zu verstehen, müssen wir uns aber auch ein Bild vom Privatleben des Pontius Pilatus machen.

In Heiligenlegenden werden nicht nur Frömmigkeiten und Martyrien erzählt, sondern auch Gerüchte und Tratsch kolportiert. Da kann man zum Beispiel Spekulationen über den Namen des Pilatus lesen, der leite sich von »pileatus« ab. Das heißt soviel wie »der mit der Filzkappe«. Das wiederum lasse darauf schließen, daß Pontius Pilatus ein Abkömmling von Freigelassenen gewesen sei. Daß also seine Vorfahren, vielleicht sogar sein Vater oder sein Großvater, Sklaven gewesen waren.

Man fragte sich, wie es einem Sprößling von Freigelassenen möglich war, eine solch beeindruckende Karriere zu machen. Und wir wundern uns nicht im geringsten, daß die Gerüchte auch gleich die Antwort liefern: Pontius Pilatus hatte eine einflußreiche Frau. Ihr Name war Claudia Procula. Im Matthäusevangelium wird sie erwähnt, freilich nicht namentlich, sie hat einen kleinen Auftritt während des Verhörs, das ihr Mann mit Jesus anstellt.

Claudia Procula hat ihren Mann in die Provinz begleitet. Das war nicht nur unüblich, sondern auch ungesetzlich. Es gab ein Gesetz, die »lex oppia«, darin wurde den Angehörigen von hohen Beamten ausdrücklich verboten, diese in die Provinzen zu begleiten. Daß Claudia Procula dieses Verbot so ohne weiteres umgehen konnte, zeugt von ihrem Einfluß. Ihre Beziehungen hätten durch die zähe kaiserliche Bürokratie bis hinauf zum Kaiser selbst gereicht. Heißt es.

Weiter wird kolportiert, Claudia Procula und Pontius Pilatus hätten einander gehaßt bis aufs Blut. Ihre Schreiduelle hätten nicht selten die Jerusalemer Mittagsruhe zerrissen, berichteten Wachsoldaten ihren Angehörigen in Rom. Claudia Procula habe keine Gelegenheit ausgelassen, ihren Mann daran zu erinnern, wem er, der Nachfahre von ehemaligen Sklaven, seine Karriere verdankte. Umgekehrt seien manche absurden, überzogenen Machtdemonstrationen und viele der auch mit bösem Willen nicht nachvollziehbaren Grausamkeiten des Pontius Pilatus nur damit zu erklären, daß er seiner Frau und der ihm untergebenen Beamtenschaft beweisen wollte, daß er durchaus ohne sie in der Lage sei, eine so schwierige Stadt wie Jerusalem zu beherrschen.

In der Tat hatte Pontius Pilatus die Ambition, aus Jerusalem, diesem Drecksnest, eine moderne Stadt nach dem Vorbild Roms zu machen. Er wollte damit beginnen, daß er das Zuwasser- und Abwassersystem neu organisierte oder vielleicht überhaupt erst organisierte. Er gab den Auftrag, eine komfortable, zentrale Zisterne zu bauen. Es war der Baumeister Thomas, dem die Planung und die Leitung dieses Bauwerks übertragen wurden.

## Von dieser Welt ...

Als ich zum ersten Mal aus der ländlichen österreichischen Provinz nach Wien kam – ich war damals siebzehn Jahre alt –, hatte ich am ersten Tag in der Großstadt nur Angst. Ich wollte meine Unterkunft nicht verlassen, auf keinen Fall allein, fürchtete, ich könnte mich nach drei Straßen verlaufen, fürchtete, ich könnte verlorengehen. Am zweiten Tag bereits war alles anders. Ich setzte mich in die Straßenbahn, ohne zu bezahlen, stieg nach drei Stationen aus, marschierte, Hände in den Hosentaschen, über einen breiten Boulevard – wußte nicht, daß es die Ringstraße war –, ignorierte geflissentlich die prachtvollen Gebäude der Oper, der Hofburg, das Riesenspielzeugding des Parlaments, das Phantasieschloß des Rathauses, wies einem deutschen Touristen, ohne zu zögern, den falschen Weg zum Burgtheater und dachte, ich würde nirgendwo anders mehr leben wollen als in der Großstadt. Mir war, als hätte mir das Straßenpflaster ein Geheimnis offenbart, als gehörte ich zu den wenigen Auserwählten, die bis in den Kern begriffen haben, was eine Stadt ist. Ein so perfekter Städter wie ich konnte nicht einmal ein in Wien Geborener sein. Ich hatte ein Vorurteil, ein positives Vorurteil: Alles Gute kommt von der Stadt. Fremde Landschaften flößen mir Respekt ein. In fremden Städten fühle ich mich sofort heimisch. Das ist bis heute so geblieben. Ich habe mir sagen lassen, solche Sehweise der Welt sei gegründet in einem Minderwertigkeitskomplex. Wenn sich einer wie ich die Stadt erst einmal erobert habe, wolle er sie nie wieder loslassen. Sie gehört ihm nur, wenn er sich um sie bemüht. Aber dann gehört sie ihm ganz. Die Stadt ist Zivilisation. Wer sie geschenkt kriegt, kann sie nicht schätzen. Ich kann sie schätzen.

Das Leben in der großen Stadt Jerusalem bedeutete Thomas sehr viel. Er kannte die Dumpfheit der Dörfer, wo alles so schnell an sein Ende gelangt, auch die Gedanken. In der Stadt konnte er allein sein, ohne einsam zu sein. In der Stadt hatte alles Tun Sinn und Bedeutung. Was in der Stadt getan wird, davon erfährt die Welt. Worüber in der Stadt gesprochen wird, darüber spricht die Welt. Dabei war er sich bewußt, daß Jerusalem in Wahrheit ja nur eine Provinzstadt war, ein Nest, ein Kaff. Das Flair des Städtischen hatten erst die Römer gebracht. Es war wie ein Witz: Das Gefühl von Weltoffenheit, ja, von Freiheit hatte erst nach der militärischen Besetzung durch eine fremde Macht in den engen Gassen Einzug gehalten.

Dennoch empfand Thomas – nicht anders als seine Landsleute – die Anwesenheit der fremden Truppen in seiner Heimat als eine Beleidigung. Es hatte Zeiten gegeben, da war ihm der Gedanke, sich einer der Freiheitsbewegungen anzuschließen, gar nicht abwegig erschienen. Es gab viele solche Gruppierungen, die zum Widerstand gegen die Römer aufriefen. Manche waren militant und fanatisch, sammelten Waffen, überfielen kleine Trupps der Römer.

Diese Gruppen, »lestes« genannt, hatten sich vor nicht langer Zeit zusammengeschlossen zu einer Guerillaarmee, schon hatten sie die Römer das Fürchten gelehrt, ein Mann namens Barabbas führte sie an, und es gab nicht wenige, die behaupteten, dieser Barabbas sei der Messias. Er hatte zwei scharfsinnige Strategen an seiner Seite, Dysmas und Gestas, ersterer war ein mitreißender Redner, letzterer galt als gnadenlos, kalt, unbarmherzig gegen die Feinde Israels. Eltern drohten ihren Kindern, wenn sie nicht brav sind, hole sie der Gestas. Aber wenn dann die Eltern allein waren, sprachen sie ein Gebet für ihn, daß er noch lange, lange leben möge, damit sich die Römer noch lange, lange vor ihm fürchten ... Thomas hatte durchaus Sympathien für diese Freischärler.

Auf der anderen Seite – er konnte es nicht leugnen – beeindruckte ihn die römische Lebensart. Die radikale Diesseitigkeit der Römer kam den Forderungen seines Verstandes sehr entgegen. Thomas war Rationalist. Besser müßte man sagen: Er war auch Rationalist. Zumindest eine Seite in ihm weigerte sich zu glauben, was er nicht sehen, nicht hören, nicht mit logischen Schritten nachvollziehen konnte. Wie oft hatte er sich über seine Landsleute geärgert, wenn es ihm wieder einmal nicht gelungen war, ihnen klarzumachen, daß zwischen Sache und Emotion zu trennen sei. Ja, er war fasziniert von der römischen Lebensart, von der Selbstverständlichkeit, mit der ein Römer davon ausging, daß die Welt immer dort ist, wo er selbst ist. Selbstbewußtsein ohne die geringste Anstrengung. Eleganz ohne Angeberei. Understatement. Ich brauche niemandem zu zeigen, wer ich bin, denn jeder weiß, wer ich bin. – Das alles gefiel ihm. Er dachte: Ich wäre gern so wie die. Und manchmal dachte er: Ich bin so wie die.

## Nicht von dieser Welt ...

Aber: Man wird nicht ein anderer, nur weil man ein anderer sein will. Thomas war vom Land. Und er war Jude. Und er war tief verwurzelt in der Tradition seines Volkes.

Diese Tradition definierte sich durch die Religion, ausschließlich durch die Religion. Die Kinder lernten lesen und schreiben mit der Tora. Was in den fünf Büchern des Moses über Abraham und Sara, Isaak und Rebekka, Jakob und Rahel, Josef und seine Brüder erzählt wurde, war vorbildlich, war richtungweisend für das Leben eines jeden Juden.

Bis in die kleinsten Kleinigkeiten des Alltags hinein waren die Vorschriften der Tora maßgebend. Wie die Speisen zubereitet werden, wie man es mit dem Trinken hält, wie gesät, geerntet, konserviert, wie das Leben zwischen Individuum und Kollektiv aufgeteilt wird, wie Gericht gehalten, wie geheiratet, wie geschieden, wie gezeugt und wie geboren wird – alles, alles war geregelt und begründet in den heiligen Schriften. Und alles hatte Bedeutung. Weil alles in Gottes Hand lag. Im Leben eines gläubigen Juden gab es nichts Belangloses. Das Vertrauen in die Welt war unendlich. Weil das Vertrauen in Gott unendlich war.

Mußte der Mensch über alles Bescheid wissen? Nein. Gott wußte über alles Bescheid. Gott hat Abraham befohlen, den über alles geliebten Sohn auf den Berg Moriah zu führen, um ihn dort zu töten, um ihn zu opfern. Hat Abraham den Sinn dieses Befehls verstanden? Nein. Gibt es einen Menschen auf der Welt, der den Sinn eines solchen Befehls versteht? Nein, gibt es nicht. Es kann keinen Sinn haben, es kann nichts bedeuten, wenn ein Vater seinen Sohn ermordet. Außer, wenn es Gott will. Wenn es Gott will, dann hat es Sinn. Ob der Mensch das versteht oder nicht. Dann hat alles Bedeutung. Wenn Gott es will. Was aber will denn euer Gott eigentlich? So fragte der Römer. Das steht in der Bibel geschrieben. So antwortete der

Jude. – Nein, dieses Buch war nicht, wie die Römer abschätzig meinten, lediglich ein folkloristisches Kompendium provinziellen Aberglaubens. Ohne die Bibel gibt es die Juden nicht.

Als die römischen Behörden an Thomas herantraten, ob er bereit wäre, beim Ausbau des Wassersystems der Stadt mitzuarbeiten, war ihm klar, daß er sich mit seiner Zustimmung selbst aus der jüdischen Gemeinschaft ausschließen würde. Es galt als unverzeihlich, auch nur in irgendeiner Weise mit den Römern zusammenzuarbeiten. Auch wenn es unter der Beamtenschaft moderate Männer gab, die sich korrekt verhielten, sie repräsentierten dennoch ein grausames Regime, das sich zwar gern als gerecht bezeichnete, es aber nicht war, das sogar vor bizarren Maßnahmen nicht zurückschreckte, wenn es darum ging, seine Untergebenen zu demütigen und zu demoralisieren. Wie zum Beispiel mit der Todesstrafe, wenn ein jüdischer Mann mit einer Münze, die den Kaiser zeigte, im Bordell erwischt wurde, oder ebenfalls mit der Todesstrafe, wenn ein reicher Jude zufälligerweise ein Gewand trug, das dem Gewand eines Mitglieds der kaiserlichen Familie glich, was übrigens nicht bewiesen, sondern lediglich von einem Römer behauptet und von einem zweiten bestätigt werden mußte. Nein! Mit so einem Regime arbeitete ein guter Jude nicht zusammen, unter gar keinen Umständen!

Thomas bat um Bedenkzeit. Ein Tag wurde ihm gewährt. Welch guten Ruf Thomas in seiner Branche genoß, läßt sich daran ablesen. Die Römer waren es nicht gewohnt, jemanden zu bitten.

Thomas schloß sich in seinem Haus ein. Er zog die Fensterläden zu. Er betete. Bat Gott, er möge für ihn eine Entscheidung fällen. Dann betete er nicht mehr. Er wußte, nicht Gott mußte sich entscheiden, sondern er, Thomas, der Mensch. Dann betete er wieder, betete darum, daß er sich richtig entscheide. Und dann öffnete er die Fensterläden.

Die Abendsonne fiel schräg in sein Haus. Vom Nachbarn her roch es nach frischem Brot und saurer Milch mit Gewürzen. Natürlich schmeichelte ihm das Angebot des römischen Statthalters. Aber Schmeicheleien beeindruckten ihn nicht, nicht sehr, nicht lange, nicht sehr lange. Er wußte, das Vorhaben war richtig. Er hatte seit Jahren eine Regelung des Wassersystems gefordert. Mehr als die Städte des Nordens war eine Stadt wie Jerusalem vom Wasser abhängig. Schlechtes Wasser bedeutete Krankheit. Kein Wasser war der Tod. Er ließ die Bedenkzeit nicht verstreichen. Zeitig am nächsten Morgen begab er sich zur Präfektur. Er sagte zu.

»Deine Leute werden es dir nicht danken«, sagte man ihm.

»Ich weiß«, antwortete er.

# Geächtet

Die römischen Behörden verbreiteten die Nachricht in der Stadt. Thomas hatte einen guten Namen. Die Propaganda der Römer meinte: Wenn einer eurer Besten mit uns zusammenarbeitet, dann könnt ihr das auch tun!

Am selben Abend fand Thomas den Eingang zu seinem Haus mit Unrat besudelt. Auf der Straße spuckten ihm die

Leute vor die Füße. Die wenigen Bekannten, die er hatte, senkten den Blick, wenn sie ihm begegneten.

»He!« rief er einen seiner Nachbarn an. »Ich will mit dir reden!«

»Worüber willst du mit mir reden?« fragte der Nachbar. Aber er blickte Thomas dabei nicht an.

»Woran ist dein Sohn letztes Jahr gestorben?«

Der Nachbar gab ihm keine Antwort.

»Du weißt es doch!« sagte Thomas. »Du hast es mir selbst erzählt. Unter Tränen! Mein Sohn ist am Wasser gestorben. Das hast du gesagt. Du hast geflucht und die Faust geballt. Es ist eine Schande, hast du gesagt, eine Schande! Und ich habe dir recht gegeben.«

Der Nachbar drehte sich um, wollte in sein Haus gehen.

»Wird gutes Wasser schlecht, nur weil es von den Römern kommt?« rief ihm Thomas nach.

Der Nachbar hatte bereits die Tür hinter sich zugemacht.

Thomas fluchte. Nun fluchte er. Auf die Sturheit seiner Landsleute. Ihre Verbohrtheit. Ihre Dummheit.

Und dann begannen die Arbeiten an der großen Zisterne. Und es war nicht bei jedem Spatenstich eine lange Diskussion mit einem Schriftgelehrten notwendig, womöglich mit zwei Schriftgelehrten oder mit dreien oder gar vieren, was sich über Tage hinziehen konnte, weil jeder von ihnen eine andere Meinung darüber hatte, wie dieser Spatenstich zu machen sei. Beschließen und durchführen – das war römische Art. Es war eine Freude, mit den Römern zusammenzuarbeiten!

Später erfuhr Thomas, daß Pontius Pilatus, um sein Bauprojekt zu finanzieren, den jüdischen Tempelschatz hatte requirieren lassen. Das empörte ihn. Er nahm sich vor, sofort am nächsten Tag die Kanzlei des Statthalters aufzusuchen und seinen Dienst zu quittieren. Dann aber sagte er sich: Wozu ist der Tempelschatz eigentlich da, wenn nicht zum Wohl der Menschen? Kann es wirklich der Schrift entsprechen, wenn im Tempel Schätze angehäuft werden und zugleich Kinder am verseuchten Wasser sterben, weil die Wasserversorgung wegen angeblichen Geldmangels schlecht ist?

Thomas hat seinen Dienst nicht quittiert. Es gab Demonstrationen. Vorübergehend wurde das Haus des Thomas von zwei römischen Soldaten bewacht.

Am Abend nach der Arbeit saß Thomas in seinem Haus, blickte zum Fenster hinaus, sah die Buschen auf den Helmen der Soldaten, die draußen rechts und links neben seiner Haustür standen. Er hörte das Geschrei der Menschen in den Gassen. Er wußte natürlich, was in ihnen vorging, natürlich wußte er das. Er fühlte die gleiche Empörung. Er mußte sich nur der einen Seite seines Herzens zuneigen, und schon brauste der alte Haß gegen die Besatzer in ihm auf, die es gewagt hatten, mit ihren groben Stiefeln den heiligen Tempel zu betreten und den heiligen Schatz zu rauben, und ihn einem so profanen Zweck wie einer Wasserleitung zuführten. Männer ohne jeden Sinn für das wunderbare Geflecht der göttlichen Schöpfung, in dem alles seinen angestammten Platz hatte, alles, eine desolate Wasserversorgung ebenso wie der Schatz des Tempels und der Segen einer Familie. Was den Thomas auf der einen Seite an den Römern faszinierte, ebendiese ganz auf den Menschen und seine Kraft sich verlassende Diesseitigkeit, genau das stieß ihn auf der anderen Seite ab.

»Euer Abraham«, hatte ihm ein Beamter des Pontius Pilatus einmal gesagt, »würde bei uns in ein Irrenhaus gesperrt.«

Was hätte er dem Mann entgegnen sollen? Daß es ein großes Ringen gegeben hatte zwischen Gott und Abraham? Daß Gott seinen Knecht Abraham prüfen wollte, bevor er einen letzten Bund mit ihm schloß? Daß Abraham eines Gedankens war mit seinem Gott, daß er akzeptierte, daß Gott nehmen und geben konnte nach seinem Belieben, und daß in diesem Belieben er, Abraham, aufgehoben war und mit ihm das Volk, das er gründen würde aus dem Sohn, den ihm Gott erst abverlangte und dann doch wieder schenkte?

Das hätte er dem Mann antworten sollen, diesem römischen Beamten, der den Sinn seines Lebens in der winzigen Spanne von seiner Geburt bis zu seinem Tod sah, der den Stammvater der Juden ins Irrenhaus stecken wollte?

»Bei uns hat eben alles seinen ganz speziellen Sinn«, hatte Thomas gemurmelt und dabei mit der Schulter gezuckt. Wofür er sich hinterher schämte. Denn es mußte als Distanzierung verstanden werden, so als wollte er damit sagen: Ich stamme zwar aus diesem Volk, aber jeden Blödsinn mache ich trotzdem nicht mit. Der Beamte hatte ihn verständnisvoll angesehen. Ohne ein weiters Wort hatte Thomas das Büro verlassen. Wie ein Verräter war er sich vorgekommen.

Thomas war Rationalist. Ja. Aber er hatte doch Sehnsucht nach einem Sinn des Lebens, der über das Leben hinauswies. Auch wenn er nicht wußte, was das bedeutete. Er wußte, daß es etwas bedeutete.

An jenem Abend, als er in seinem Haus saß und durch das Fenster hinaus auf die schmale Gasse blickte, wo rechts und links neben seiner Haustür die beiden römischen Soldaten standen und sich in einem Dialekt unterhielten, den er nicht verstand, da fühlte sich Thomas verlassen von allem, was ihm seit der Kindheit etwas bedeutet hatte, ausgestoßen aus der Gemeinschaft seiner Väter und Vorväter, niemandem mehr zugehörig. Ein loses Stück. Was für ein Bild! Er, der Jude, wurde von zwei Römern beschützt. Vor wem beschützten sie ihn? Vor Juden!

Trotzdem: Noch nie in seinem Leben war sich Thomas der Sinnhaftigkeit einer Arbeit so sicher gewesen. Es war gut, daß Jerusalem gutes Wasser bekam. Was konnte daran schlecht sein? Der Sinn seines Tuns war doch offensichtlich! Auch die schlimmsten Schreihälse dort draußen werden in wenigen Monaten genüßlich das kühle, saubere Wasser trinken.

Thomas wollte seine Arbeit machen, und er wollte sie gut machen, für seine Leute wollte er sie gut machen.


## Johannes der Täufer


Unten beim Jordan lebte ein Mann, der fürchtete Gott, und wer sich traute, einen Witz zu machen, der sagte, Gott fürchte ihn. Der Mann hieß Johannes. Er wurde der Täufer genannt. Er predigte. Er ging nicht zu den Leuten, die Leute kamen zu ihm. Er predigte Umkehr. Das wurde verstanden. Alles läuft in die falsche Richtung. Oder im Kreis. Oder nach rückwärts. Oder zu schnell nach vorne. Das war die allgemeine Stimmung.

Es war eine Zeit des Zweifels, der Orientierungslosigkeit, der Verzweiflung. Die Schriftgelehrten verwiesen auf die Bibel. Aber die Bibel ist ein weites Feld, das dem Argumente liefert, der Argumente sucht. Vorschriften sind gut, aber sie starren mich an und sagen, was ich nicht tun soll.

Johannes der Täufer dagegen sagte den Menschen, was sie tun sollen: Ihr Leben sollen sie ändern. Nicht mehr und nicht weniger. Was meinte er damit? Er zeigte es ihnen. Er trug nichts weiter als eine Kutte aus hartem Tuch, er ernährte sich von Heuschrecken und wildem Honig, trank das Wasser des Jordan. Schlief auf den Steinen.

Dieser Mann brannte!

Viele Leute sagten, er sei der Messias, der Gesalbte, der zu den Menschen gekommen ist, um sie aus Bedrückung und Verzweiflung zu führen, der eines Menschen Sohn gleicht, wie der Prophet Daniel verkündet hat. Er sei der mit dem Erlösungsauftrag am Volk Gottes, wie ihn Jesaia vorhergesagt hat. Der zweite Adam, der alles, was zerbrochen war, wieder ganz machte, auf daß sich die Erde wieder ins Paradies verwandle. Beim Propheten Hosea hieß es, Gott führe Israel vor einer neuen Heilszeit noch einmal in die Wüste. Der Täufer ist aus der Wüste gekommen, der Täufer, sagten die Leute, hat stellvertretend für sein Volk in der Wüste geschmachtet. Er ist der Messias!

Johannes selbst verwahrte sich dagegen. Der Wegbereiter sei er, mehr sei er nicht. Er sei nur ein Rufer in der Wüste, der Messias sei er nicht.

Er tröstet, sagten die Leute. Das war viel.

Thomas stieg hinab zum Jordan, hörte sich eine Predigt des Täufers an. Er wagte es nicht, nahe an diesen Mann heranzugehen. Er hielt sich abseits. Blieb im Schatten eines Feigenbaums stehen. Er fürchtete, einer der Anhänger dieses Mannes könnte ihn erkennen. Würde mit dem Finger auf ihn zeigen. Das ist der, der es mit den Römern hält. Auch wenn sich der Täufer bisher jeder politischen Stellungnahme enthalten hatte, niemand zweifelte daran, daß ein Erlöser – ganz gleich, ob er nun der Messias war oder nur dessen Künder – die Menschen nicht nur aus ihrer seelischen Not, sondern auch vom Joch der Römer befreien wird. Thomas suchte Trost. Keine Diskussion. Keinen Streit. Keine Handgreiflichkeiten.

Aber die Worte des Johannes trösteten Thomas nicht. Die moralischen Forderungen des Täufers waren nicht weniger radikal als die politischen Forderungen des Barabbas und seiner beiden Ideologen Dysmas und Gestas. Dieser Johannes, der predigte eigentlich zu Engeln. Was er von den Menschen verlangte, das wußte Thomas, das würden die Menschen nicht erfüllen können. Jedenfalls er nicht. Er wußte, er war ein schwacher, ein sündiger Mensch. Es mangelte ihm an Vertrauen, an Hingabe. Worte wie Gnade, Liebe, Verzeihen, solche Worte kamen in den Predigten des Täufers nicht vor. Der Täufer war ein charismatischer Mann, er brannte – aber er konnte keinen Trost geben, er heilte nicht. Einen Riß durch die Seele heilte er nicht.

ZWEITES KAPITEL

# Die Krise

## Das Holz

Und dann wurde während der Bauarbeiten an der zentralen Zisterne in einer Tiefe von fünfzehn bis zwanzig Metern ein merkwürdiges Ding gefunden: ein riesiger Baumstamm, uralt, schwarz wie Kohle, hart wie Stein und schwer wie Stein. Das Stück wurde rundherum freigelegt, Haken wurden eingeschlagen. Mit Seilwinden zogen es die Arbeiter aus dem Boden. Nun hing es am Kran. Und die Arbeiter standen darum herum. Das Holz habe sich über ihnen in den Seilen gedreht, so daß sein Schatten über ihre Gesichter glitt. Die Legende erzählt, es sei still geworden auf der Baustelle. Die Männer hätten das mächtige schwarze Ding angestarrt, als hätten sie eine Erscheinung. Als wäre es vom Himmel gefallen. Aber sie hatten es ja selbst aus der Erde ausgegraben.

Niemand wagte es, die Hand nach dem Holz auszustrecken, das Holz zu berühren.

»Was soll damit geschehen?« wurde gefragt.

»Wieder eingraben«, sagten die einen. »Irgendwo anders, außerhalb der Stadt.«

»Verbrennen«, sagten die anderen.

»In den Jordan werfen«, schlug einer vor. »Der wird es wegtragen von uns und ins Meer bringen.«

»Und wer zieht das Ding hinunter zum Jordan? Du?«

Man rief nach dem Bauleiter. Das war Thomas. Er hatte sein Büro am anderen Ende der Stadt, die Vormittage verbrachte er auf der Baustelle, an den Nachmittagen war er im Büro, organisierte über Boten die nötigen Handwerker, korrigierte Pläne, verfaßte Ansuchen an die römische Statthalterei oder den Hohen Rat der Juden.

Einer der Arbeiter wurde losgeschickt, er lief durch die Stadt, immer wieder hielt er inne und erzählte einem Bekannten oder auch einem Fremden von dem wunderlichen Stück Holz, das er und seine Kameraden ausgegraben hatten, und von Mal zu Mal schmückte er seine Erzählung aus. Und die Dimensionen des alten, schwarzen Baumstammes weiteten sich ...

Auf dem Rückweg zur Baustelle bekam Thomas von dem Mann schließlich ein Drama zu hören, wie es die Stadt und der Weltkreis noch nicht erlebt hätten. Thomas blieb gelassen, er kannte seine Landsleute und ihre Lust, Geschichten zu erzählen. Und auch Geschichten erzählt zu bekommen. Die Geschichte von dem merkwürdigen Baumstamm aus der Erde hatte inzwischen in Jerusalem die Runde gemacht, die Menschen drängten sich auf der Baustelle, jeder wollte dieses geheimnisvolle schwarze Ding sehen.

»Laßt diesen Mann durch«, wurde gerufen, »er ist ein Fachmann für heilige Funde!«

»Ich bin kein Fachmann für heilige Funde«, sagte Thomas. Er sagte es leise, zu sich selbst. Es hatte keinen Sinn, gegen die Hysterie dieser Menschen zu reden. Wenn einer etwas anderes tat, als die meisten taten, dann war er in ihren Augen bereits ein Fachmann. Eine Abweichung von der alltäglichen Norm konnte gar nicht so gering sein, daß in ihr nicht ein Wunder gesehen wurde. Die Leute wollten ein Wunder. Sie lechzten nach einem Wunder.

Das hier aber war nichts weiter als ein altes Stück Holz. Thomas betrachtete es, betrachtete es von allen Seiten. Er gab Anweisung, den Mast des Krans zu schwenken, damit der Stamm nicht über der Aushebung für die Zisterne schwebte. Dann ließ er die Seile kappen, das schwarze Ungetüm polterte zu Boden.

Da war es wieder still. Alle warteten. Waren gespannt, was Thomas nun tun würde. Was seiner Meinung nach mit dem kuriosen Stück Holz geschehen sollte.

»Was soll schon damit geschehen«, sagte Thomas. »Ich meine, man sollte es ins Lager geben! Das Holz ist gut. Wer weiß, wofür man es brauchen kann. Fünf Männer werden es hochheben und auf einen Wagen legen können. Es war nicht nötig, mich zu holen. Wenn ihr bei jedem Stück Holz, das ihr findet, einen Ingenieur braucht, dann wird die Zisterne nie fertig werden.«

Aber niemand habe, so heißt es in der Legende, das Holz angreifen wollen.

»Es ist offensichtlich sehr alt, ja«, sagte Thomas. »Es ist schwarz, weil es so lange in der dunklen Erde gelegen hat. Das ist normal. Es ist hart, weil es unter Druck getrocknet ist. Das ist ebenfalls normal. Und daß es schwer ist, kann man ebenfalls nicht als unnormal bezeichnen. Also gut. Es ist sicherlich rätselhaft, wie es hierher gekommen ist. Das gebe ich zu. Ich weiß es nicht. Aber es ist kein Wunder. Wenn alles, was einer nicht weiß, schon gleich ein Wunder ist, dann würde die Welt nur aus Wundern bestehen.«

Er blickte den Menschen in die Augen und sah, daß sie genau das dachten: daß die Welt aus Wundern bestand.

»Es ist ein Stück Holz!« sagte er, mit erhobener Stimme nun. »Ein Stück Holz und nicht mehr!«

Keiner der Arbeiter, heißt es, habe sich gerührt. Die Männer hätten weiter das Holz angestarrt und hätten Thomas angestarrt, aber keiner habe die Hand erhoben, um sie nach dem Holz auszustrecken.

Nun habe Thomas den Arbeitern einen klaren Befehl erteilt, das Holz wegzuräumen. Aber niemand gehorchte.

»Es ist Holz, nicht mehr«, wiederholte er ärgerlich. »Habt ihr euch von den verrückten Predigern schon selber verrückt machen lassen? Wovor fürchtet ihr euch denn?«

Einer sprach es aus: »Es heißt«, sagte er, »wer dieses Holz angreift, der stirbt.«

»Heißt es, so?« Nun wurde Thomas wütend. »Das heißt es also? So geht die Sage?«

»Ja«, sagte der Mann, »so geht die Sage.«

»Und um was für eine Sage handelt es sich dabei?«

Der Mann blickte zu Boden, antwortete nicht.

»Ihr habt das Holz vor zwei Stunden gefunden, und schon geht die Sage?«

Der Mann blickte weiter trotzig vor sich nieder.

»Weißt du, was eine Sage ist?«

Thomas bekam keine Antwort.

»Man kann nicht von einer Sage sprechen, wenn sie erst eine Stunde alt ist. Dann handelt es sich um ein Gerücht. Verstehst du? Versteht ihr? Ein Gerücht! Ein Gerücht muß mindestens hundert Jahre alt sein, dann kann man meinetwegen von einer Sage sprechen! Es enthält dann zwar auch nicht mehr Wahrheit als vorher, aber es ist wenigstens eine Sage.«

Er blickte nur in verstockte Gesichter.

»Ich jedenfalls kenne diese Sage nicht«, sagte er resigniert. Und dann kniete er sich neben dem Holz nieder und legte seine Hand darauf ... Und was er tat, wurde zur Sage.

Und das erzählt die Sage: Ein Schwindel habe ihn erfaßt, er mußte sich mit der anderen Hand am Boden aufstützen, sah noch, wie ihn die Männer umringten, wie

Hände sich ihm entgegenstreckten, sah das Mitleid in den Augen der Männer. Dann habe Thomas das Bewußtsein verloren. Er fiel vornüber. Lag über dem alten, schwarzen, harten, schweren Holz.

Man rief einen Arzt, trug Thomas in sein Haus in der Innenstadt, legte ihn auf sein Bett.

Der Arzt untersuchte ihn, aber er konnte nichts finden. »Ein Schwächeanfall«, sagte er, »kann vorkommen. Arbeitet der Mann viel?«

»Viel«, hieß es.

»Dann hat es damit zu tun.«

»Es hat mit dem Holz zu tun«, sagten die Arbeiter, »mit dem schwarzen Baumstamm, der unter der Erde gelegen hat, genau dort, wo die Zisterne gebaut wird.«

Dazu wußte der Arzt nichts zu sagen.

Es dauerte einige Zeit, bis sich Thomas wieder gefangen hatte. Er wußte nicht, was geschehen war, konnte sich an nichts erinnern, mußte sich erzählen lassen. Er wußte nur: Er würde sein Leben nicht mehr so weiterführen können wie bisher. Aber er wußte nicht, was er ändern sollte.

Inzwischen wurde die Geschichte in der Stadt hundertfach erzählt, jeder wußte Bescheid über das schwarze Holz, jeder wußte Bescheid über die Krankheit des Ingenieurs, jeder hatte eine Erklärung parat, und keine Erklärung kam ohne Wunder aus. Es war ein Wunder gewesen. Daran zweifelte niemand.

Thomas zweifelte. Was für ein Wunder sollte das denn gewesen sein? Was für einen Sinn sollte so ein Wunder haben? Was wollte so ein Wunder bewirken? Und was hatte er, Thomas, damit zu tun?

Waren ihm die Menschen auf der Straße zuvor mit mehr oder weniger offener Abneigung, bisweilen sogar

mit deutlicher Aggression begegnet, so starrten sie ihn
jetzt nur an, nickten ihm unterwürfig zu, tuschelten oder
schirmten ihre Augen vor seinem Blick ab, bogen ge-
schwind um die Ecke.

Thomas wußte nicht, was er tun sollte. Er wußte nicht,
was er glauben sollte. Er wußte nicht mehr, woran er sich
festhalten sollte. Selbst sein Vertrauen in Logik und Kausalität war geschwunden. Er wußte gar nichts.

Er wollte mit jemandem sprechen. Mit wem?


## Ein Freund


Ich sagte, Thomas hatte keine Freunde, er war allein.
Das stimmt nicht ganz. Er hatte vielleicht keinen Freund,
aber es gab da jemanden, mit dem er sich manchmal aus-
tauschte. Dieser Mann lebte in ähnlichen Umständen wie
Thomas. Auch er war Angestellter des Pontius Pilatus,
stand allerdings in einem engeren Verhältnis zum Statthalter als Thomas. Er war dessen privater Finanzberater
und obendrein der Vertraute von Claudia Procula. Auch
er war Jude, auch er wurde von seinen Landsleuten ge-
ächtet, manchmal sogar attackiert, eben wegen seiner Beziehungen zu den Römern. Auch er lebte allein. Auch er
konnte allein sein, wollte allein sein. Er ging den Menschen aus dem Weg, hatte seine Gründe dafür.

Dieser Mann hatte übrigens denselben Namen wie
Thomas. Er hieß ebenfalls Judas. Aber anders als bei Thomas, dem man einen Übernamen gegeben hatte, hängte
man bei diesem Judas den Namen der Stadt an, aus der

er stammte. Er stammte aus Kariot, und deshalb wurde er Judas Iskariot genannt. Andere dagegen meinen, der Name Iskariot lasse sich auf das aramäische Wort »sikarios« zurückführen, was soviel bedeutet wie »Mörder«.

Zu Judas Iskariot unterhielt Thomas ein zwar distanziertes, aber doch freundschaftliches Verhältnis. Die beiden kannten sich von ihrer Arbeit, hatten gelegentlich miteinander zu tun gehabt. Schätzten einander, waren sich immer in korrekter Form begegnet, jeder schätzte am anderen besonders dessen unaufgeregte, sachliche Art.

Manchmal aßen sie gemeinsam zu Abend. Über persönliche Dinge sprachen sie nie. Es war bisher keinem von beiden notwendig erschienen. Aber es hätte bisher auch keiner von beiden für wahrscheinlich gehalten, daß es irgendwann einmal notwendig sein würde, mit dem anderen ein solches Gespräch zu führen. Jetzt war es notwendig. Für Thomas war es das.

Es fällt einem leichter, mit jemandem über die innersten Probleme zu sprechen, wenn derjenige einem nicht allzu nahe steht. Zu Beichtvater und Psychiater wünschen wir keine privaten Kontakte.

Wie auch immer: Thomas suchte Judas Iskariot auf, bat ihn, mit ihm einen Spaziergang zu machen, er wolle mit ihm sprechen. Judas Iskariot war gerne bereit, ihm zuzuhören.

Die beiden Männer gingen schweigend durch die Gassen der Stadt, ließen die Stadt hinter sich, wanderten hinauf auf einen der Hügel, wo die Ölbäume wuchsen.

Judas Iskariot war einen Kopf kleiner als Thomas. Er hatte sein Haar nach römischer Mode kurz geschnitten, sein Gesicht war glatt rasiert. Sein Körper war stämmig, untersetzt, wirkte immer etwas angespannt. Er sprach mit leiser Stimme, oft verstand man nicht, was er sagte, er nuschelte und redete schnell. Aber entgegen anderen Aussagen konnte er seinem Gegenüber gerade in die Augen sehen. Er hatte nichts Verschlagenes, nichts Hinterhältiges an sich.

Später, nach der Katastrophe, war Thomas immer wieder nach Judas Iskariot befragt worden. Was war er für einer? Man fragte nicht: Was war er für ein Mensch? Man wollte so tun, als gehöre er nicht zur selben Gattung. Thomas gab Antwort, aber seine Antwort paßte nicht in das Bild, das man sich von Judas gemacht hatte. Bald antwortete Thomas nicht mehr auf solche Fragen. Und er kommentierte nicht mehr, was gesagt wurde.

Der aus Kariot habe nie in seinem Leben gelacht, hieß es irgendwo. Läßt sich ein solcher Mensch überhaupt denken? Nach der Katastrophe wurde das Leben dieses Mannes nur noch rückblickend von seinem Ende aus erzählt.

Erst als die beiden Männer die letzten Häuser von Jerusalem hinter sich gelassen hatten, begann Thomas zu erzählen. Nicht ohne vorauszuschicken, er wisse eigentlich gar nicht, was er erzählen wolle. Er möge einfach reden, sagte Judas, und wenn er nicht reden könne, dann sei es ihm auch recht, wenn er schweige.

Thomas redete. Er schüttete sein Herz aus.

Er hoffte nicht, daß ihm Judas Iskariot helfen könnte, daran dachte er gar nicht. Es war gut, im Freien zu sein, nicht mehr im Haus zu sitzen, allein. In den letzten Tagen hatte er die Lust am Alleinsein verloren. Er wollte, daß ihm jemand zuhörte. Und Judas hörte ihm zu.

Und dann war Thomas ans Ende gekommen. Und wußte hinterher gar nicht recht, was er eigentlich gesagt hatte.

»Ich kann dich verstehen«, sagte Judas.

»Wie sollst du mich verstehen können, wenn ich mich nicht einmal selber verstehen kann«, sagte Thomas.

Die beiden waren inzwischen oben auf dem Hügel angekommen. Sie setzten sich unter einen Ölbaum. Die Sonne hatte sich dem Horizont genähert. Rotgoldenes Abendlicht lag über der Stadt.

Es war eine lange Ruhe.

Schließlich sagte Judas Iskariot: »Ich glaube, ich kann dir helfen.«

Wieder war eine lange Ruhe.

»Ich kenne jemanden, der dir helfen kann«, sagte Judas. Und dann erzählte er dem Thomas von Jesus.

Thomas hatte von Jesus gehört. »Auch ein Prophet«, kommentierte er.

»Vielleicht ein Prophet«, sagte Judas. »Vielleicht auch mehr als ein Prophet.«

»Wäre ein Prophet nicht schon genug?« sagte Thomas. »Wenn er ein wahrer Prophet ist?«

»Was ist Wahrheit?« hielt Judas dagegen.

»Einen Propheten brauche ich eigentlich nicht«, sagte Thomas.

»Das weiß ich«, sagte Judas. »Ich weiß schon, was du wolltest. Du wolltest nur mit jemandem sprechen.«

»Das wollte ich. Ja«, sagte Thomas. »Und das habe ich getan. Daß du mir zugehört hast, dafür danke ich dir. Ratschläge brauche ich nicht, weil sie mir nichts nützen, und wenn ich einen Propheten nötig hätte, gäbe es wohl kein Problem in dieser Stadt, wo an jeder Ecke einer steht und seine Verrücktheiten in die Luft plärrt.«

Er richtete sich auf, schickte sich an zu gehen. Aber Judas hielt ihn zurück.

»Angenommen«, sagte er, »angenommen, Jesus kann dir helfen, kann dir wirklich helfen, angenommen, er ist der, von dem Moses sagt, ihm sollen wir gehorchen, würdest du seine Hilfe nicht annehmen?«

»Warum sollte er mir helfen wollen?« fragte Thomas.

»Er kann Wunder vollbringen«, sagte Judas.

»Wunder!« rief Thomas aus. »Was ist das, ein Wunder! In dieser Stadt gilt es bereits als Wunder, wenn am Morgen der Hahn nicht kräht. Oder wenn am Abend die Milch nicht sauer ist. Ich habe genug von Wundern. Ein Wunder hat mich krank gemacht!«

»Hör zu«, sagte Judas, »ich erzähl dir etwas! Setz dich wieder! Als ich ihn kennenlernte, als ich ihn das erste Mal sah, war ich eingeladen bei einer Hochzeit, es war in Kanaan. Ein Freund von mir, Bartholomäus heißt er, hat geheiratet. Er ist ein Freund. Nur ein guter Freund lädt einen wie mich ein. Du weißt, was ich meine. Kein reicher Mann ist Bartholomäus, ein armer Mann ist er, für den seine Hochzeit das Wichtigste in seinem Leben war. Er wollte seine Freunde einladen, wollte ihnen zeigen, daß auch er sie bewirten kann, wie es ein reicher Mann tut. Ich war da, auch Jesus war eingeladen worden, und eben weil er eingeladen worden war, kamen sehr viele, die eigentlich gar nicht eingeladen waren. Um Jesus zu sehen, kamen sie. Es waren sehr viele Menschen da, und der Wein war dann ausgetrunken. Am frühen Abend bereits. Für Bartholomäus war das furchtbar, eine Schande. Er hatte seinen Freunden zeigen wollen, daß er sie großzügig bewirten kann. Nun war kein Wein mehr da. Da sagte Jesus: Gießt Wasser in die Krüge! Das hat man gemacht.«

So erzählte Judas Iskariot. Und er fuhr fort: »Dann war in den Krügen Wein. Er hat aus Wasser Wein gemacht. Das ist die Wahrheit. Ich war dabei. Ich habe es gesehen.«

»Ach, weißt du«, sagte Thomas, »haben wir nicht alle von solchen Scharlatanen gehört, die irgendwelche Zaubertricks vorführen können. Ich will damit nicht sagen, daß Jesus ein Scharlatan ist. Aber weißt du, ich brauche niemanden, der mir aus Wasser Wein macht. Ich kann Wein haben, wann immer ich will. Und du auch. Erwarten wir das von dem Propheten, den uns Moses versprochen hat? Erwarten wir das vom Messias? Daß er Wasser zu Wein machen kann? Wenn ich Wein will, dann kaufe ich mir Wein, ich kann es mir leisten. Du auch. Ich glaube nicht, daß dieser Jesus jemand ist, der mir helfen kann. Da ist mir noch lieber so ein Fanatiker wie der Täufer unten beim Jordan. Der frißt Heuschrecken und kleidet sich mit einem Sack und stellt Forderungen auf, die niemand erfüllen kann, so radikale Forderungen. Ich jedenfalls kann sie nicht erfüllen. Und du auch nicht. Wir beide nicht. Aber auf solche Schaustellertricks, wie aus Wasser Wein machen, darauf läßt sich Johannes der Täufer nicht ein.«

Da sagte Judas Iskariot: »Johannes der Täufer ist radikal, ich weiß. Ich habe ihn gehört. Ich bin zu ihm gegangen, weil ich Trost suchte. Er ist radikal, ja. Aber Jesus ist radikaler als er. Der Täufer predigt unten am Jordan. Jesus geht in den Tempel, mitten in Jerusalem, und er wirft die Tische der Händler um, und er schreit sie an: Ihr habt aus dem Gotteshaus einen Basar gemacht! Ich war dabei. Ich habe es gesehen. Ich habe es gehört. Mit der Peitsche hat er die Händler aus dem Tempel gejagt. Wenn du einen Radikalen suchst, dann bist du bei ihm richtig.«

»Nein«, sagte Thomas, »ich suche keinen Radikalen. Ich suche weder einen Zauberer noch einen Fanatiker.

Wenn ich jemanden suche, dann einen, der seinen Verstand beieinander hat und ihn auch gebraucht, der sich die Mühe macht, die Augen zu öffnen und sich eine Sache anzusehen, bevor er ›Wunder! Wunder!‹ schreit. Verstehst du mich denn nicht? Ich habe es dir doch erzählt, ich bin krank. Ich brauche jemanden, der mich heilt!«

»Das kann er«, sagte Judas Iskariot. »Er kann heilen.«

»Ja«, sagte Thomas, »das glaube ich, das kann schon sein. Ich habe noch von keinem Propheten gehört, der nicht heilen kann. Alle können sie das. Und dann können sie es doch nicht. Oder aber es sind immer die anderen, die geheilt werden. Ich, ich kenne keinen, der geheilt worden wäre. Immer nur kennt einer einen, der einen kennt, der einen kennt, der geheilt worden ist. Und dann: Warum sollte mich Jesus heilen, mich, der ich ihn weder kenne noch an ihn glaube. Warum sollte er ausgerechnet mich um Himmels willen heilen?«

Da sagte Judas Iskariot: »Du mußt nicht an ihn glauben, du brauchst ihn nicht zu kennen. Ich werde dir etwas erzählen. Hör zu! Setz dich wieder! Es gab einen Hauptmann, der lebte in Kapernaum. Dieser Hauptmann, der hat ganz bestimmt nicht an Jesus oder an sonst einen Propheten geglaubt, ganz und gar nicht. Der hat an nichts geglaubt. An seinen Vorgesetzten vielleicht. Aber sonst an nichts und an niemanden. Er hat Jesus nicht einmal gekannt. Aber er hatte einen Sohn, und er liebte diesen Sohn über alles. Dieser Sohn war sterbenskrank, die Ärzte haben ihn aufgegeben, er wird nicht länger als ein paar wenige Tage leben können, sagten die Ärzte. Da hat sich dieser Hauptmann auf den Weg gemacht, weil er eben gehört hatte, da gibt es einen neuen Wunderrabbi, Jesus von Nazareth. Er trat vor Jesus hin – ich habe es gesehen, ich habe es gehört, ich war dabei –, und er sagte: Ich sage dir gleich, ich glaube nicht an dich, ich kenne dich nicht. Ich komme zu dir, weil ich mir denke, es wird nicht schaden. Es heißt, du kannst Kranke heilen. Ich habe einen Sohn, der wird sterben. Wenn es wahr ist, was man über dich sagt, dann mach ihn mir gesund. Und Jesus sagte zu ihm …«, so erzählte Judas Iskariot dem Thomas, »… er sagte zu ihm: Du brauchst nicht an mich zu glauben. Weil du deinen Sohn so liebst, wird er gesund werden. Geh nach Hause. Und dieser Hauptmann von Kapernaum ging nach Hause, und da war sein Sohn gesund. Jesus hat ihn geheilt.«

Thomas, der Zweifler, sagte: »Ja, kann ja sein, ist auch schön, das ist sehr beeindruckend, aber ich, verstehst du, ich bin ja nicht krank, in dem Sinn, wie der Sohn dieses Hauptmanns krank war, mir fehlt nichts. Meine Seele ist krank. Sieh mich an! Mein Körper ist gesund. In meiner Seele bin ich krank.«

Die beiden Männer saßen immer noch unter dem Ölbaum, blickten hinunter auf die Stadt, die nun im Dunkeln lag. Wieder war eine Ruhe zwischen ihnen.

Am Ende sagte Judas Iskariot: »Er kann auch eine kranke Seele heilen.«

»Kann er das?« fragte Thomas.

»Er kann es.«

»Hast du auch das gesehen?«

»Ja.«

»Mit deinen eigenen Augen?«

»Mit meinen eigenen Augen.«

Und dann erzählte Judas Iskariot Thomas, dem Zweifler, eine Geschichte …

## Die Geschichte des Judas Iskariot

Es war einmal ein Mann, der hieß Ruben.

So erzählte Judas Iskariot an jenem Abend dem Thomas. Die Geschichte ist zur Legende geworden. Jacobus de Voragine, er lebte im 13. Jahrhundert und war Erzbischof von Genua, hat sie in seine »Legenda Aurea« aufgenommen, die bis heute als die schönste aller Sammlungen von Heiligengeschichten gilt. Nicht daß er dem Judas Iskariot darin ein eigenes Kapitel gewidmet hätte, nein, er erzählt die folgenden Begebenheiten als Vorgeschichte zur Legende des heiligen Matthias, der nach der Katastrophe in den Kreis der Jünger aufgenommen und der dreizehnte Apostel genannt wurde.

Dieser Mann Ruben, ein junger Mann, lernte eine junge Frau kennen, Cyborea, und die beiden haben sich verliebt, und sie haben geheiratet, und sie haben sich ein Kind gewünscht, und sie beteten zu Gott, und Cyborea wurde schwanger. Ruben und Cyborea waren fromme Menschen, es war ein großes Glück für sie, als sie erfuhren, daß Cyborea schwanger war. Sie dankten Gott für diese große Gnade und freuten sich auf das Kind.

Aber dann, wenige Tage, bevor Cyborea niederkam, hatte sie einen Traum, einen bösen, bösen Traum: Sie träumte, sie werde den größten Verbrecher zur Welt bringen, und sein Name werde nicht vergessen werden bis ans Ende der Zeit. Als sie erwachte, war ihr Gesicht tränenüberschwemmt. Sie erzählte den Traum ihrem Mann.

»Hast du auch geträumt, was seine Tat sein wird?« fragte Ruben.

»Nein, das habe ich nicht geträumt«, sagte Cyborea.

»Aber du hast im Traum gewußt, daß er ein Verbrecher wird? Wer hat es dir im Traum gesagt? Woher hast du es gewußt?«

»Ich habe es eben gewußt. Ich habe sein Gesicht gesehen, es war noch blutig von der Geburt, und ich wußte, er wird er größte Verbrecher werden.«

Da stand Ruben vom Tisch auf und rang die Hände und ging hinaus und kam zurück und ging wieder hinaus und kam wieder zurück.

»Und er ist in deinem Bauch?«

Cyborea nickte.

Ach, sie waren beide der Ansicht, daß die Träume Botschaften sind, die Gott den Menschen schickt.

»Woher sollen die Träume denn sonst kommen, wenn nicht von Gott?«

»Ja, woher denn sonst.«

Und darum weinte nun auch Ruben. Und so weinten sie beide. Aber dennoch legte er seine Hand auf ihren Bauch, und sie legte die ihre neben die seine.

Cyborea und Ruben wußten nicht, was sie tun sollten. Aber sie faßten den Entschluß, das Kind gleich nach der Geburt zu töten, doch sie wußten nicht, wie sie es tun sollten.

Als das Kind zur Welt kam und sein Gesichtchen so weich war und verschmiert war vom Blut seiner Mutter und die Augen so unschuldig und rein seine Eltern anblickten, da brachten sie es nicht übers Herz. Aber sie wollten nicht den größten Verbrecher der Welt aufziehen.

»Was sollen wir nur tun?« fragte Ruben.

»Wir wissen nicht, was wir tun sollen«, sagte Cyborea.

Sie wußten nicht, was sie tun sollten, aber sie faßten den Entschluß, das Kind in einen Korb zu legen und den Korb dem Meer zu übergeben, aber sie wußten nicht, was sie tun sollten.

Sie sagten sich: »Gott hat uns diesen Knaben gegeben. Wenn Gott will, daß er überlebt, dann wird er dafür sorgen, daß ihn die Wellen nicht verschlingen. Wenn aber Gott will, daß er stirbt, was wahrscheinlich besser ist für unser Kind und die ganze Menschheit und für alle Zeit, dann wird das Meer den Knaben verschlingen, und er wird tot sein.«

Was wollte Gott? Niemand weiß, was Gott will.

Aber offensichtlich wollte Gott, daß dieses Kind am Leben blieb. Der Knabe wurde in seinem Korb über das Meer getragen und an das Ufer eines fremden Landes gespült. Dort lebte eine Königin, und diese Königin fand den Korb und fand das Kind.

»Ich habe es nicht geboren«, sagte sie zu sich. »Aber es ist, als hätte ich es geboren. Ich habe dieses Kind gefunden, und es ist so klein, als wäre es erst aus einem Mutterleib gekommen.«

Sie war kinderlos, und das war ihr Elend gewesen.

»Jetzt ist mein Elend vorbei«, sagte sie zu sich.

Sie brachte den Knaben zu ihrem Mann und sagte: »Unser Elend ist vorbei, wenn du einverstanden bist, daß wir so tun, als ob ich diesen da geboren hätte.«

»Ich will so tun«, sagte ihr Mann, der König.

Vor dem Rat des Königreiches und vor dem ganzen Königreich wurde so getan, als ob der Knabe das Kind von König und Königin wäre. Und darum war er es auch.

Alle Liebe wurde dem Kind gegeben. Alles war lind – die Luft, die Speisen, die Lautstärke der Geräusche, die

Temperatur des Badewassers, die Farben des Kinderzimmers, die Oberfläche der Kleider.

Und dann bekam die Königin eines Tages doch ein Kind, ein eigenes Kind. Es war ebenfalls ein Knabe. Da zogen der König und die Königin alle Liebe von dem fremden Kind ab, und alle Liebe bekam das neue Kind, das eigene. Das fremde Kind aber war nichts mehr, gar nichts mehr. Höchstens eines war es noch: das Ziel von Spott und Hohn und Verachtung und Zorn. Nichts mehr war lind, alles war grob, scharf, hart, kalt, finster.

So wuchsen die beiden Knaben heran.

Sie mochten sich nicht. Ist es ein Wunder?

Eines Tages sagte das eigene Kind zum fremden Kind das gleiche, was sonst immer Vater und Mutter gesagt hatten, nämlich: »Du bist gar nichts. Du bist ein Bastard. Du bist nicht mein Bruder, du bist nicht einmal mein Halbbruder. Du bist ein verlorener, ein gefundener Balg.«

Es kam zum Streit. Sie kämpften. Das eigene Kind wich zurück, fiel, schlug mit dem Kopf auf einen Stein. Und war tot.

Das hatte das fremde Kind nicht gewollt. Das fremde Kind wußte, es konnte nicht mehr bleiben, es mußte die Stadt und das Königreich verlassen.

Er war damals schon ein junger Mann, fünfzehn, sechzehn Jahre alt war er. In der Nacht verließ er die Stadt, in der Nacht ging er auf ein Schiff. Am nächsten Morgen war alles vergessen. Er war niemand. Verschwunden. Nicht wiedergefunden.

Und dann kam dieser junge Mann nach Jerusalem. Zufällig. Er hatte auf einem Schiff angeheuert, er war gescheit, bald war er der Sekretär des Kapitäns.

»Was machst du, wenn wir an Land gehen?« hatte der Kapitän gefragt.

»Die Hauptstadt dieses Landes werde ich suchen.«

»Weißt du denn überhaupt, in welchem Land wir sind?«

»Nein, aber jedes Land hat eine Hauptstadt. Und dorthin will ich.«

»Warum bleibst du nicht auf meinem Schiff?« fragte der Kapitän. »Ich bin alt, du bist mir ein Sohn geworden. Ich will dir alles überschreiben.«

Aber der junge Mann wollte nicht. »Ich bringe Unglück«, sagte er.

Er ging an Land, machte sich auf den Weg, fand die Hauptstadt. War nun in Jerusalem. Suchte Arbeit. Das war leicht. Er meinte, er bringe allen Unglück, selbst aber hatte er immer Glück gehabt – fast immer.

Er fragte auf der Straße: »Wer ist der mächtigste Mann in dieser Stadt?«

»Pontius Pilatus«, wurde ihm geantwortet.

Er ging zum Palast des Statthalters, sagte zur Wache, er wolle vorgelassen werden, und er wurde vorgelassen.

Er trat in den Dienst des Statthalters von Jerusalem.

Weil dieser junge Mann ein sehr geschickter junger Mann war, besonders was die Mathematik betrifft, hat er sich bald eine große Freundin und Gönnerin gemacht, nämlich Claudia Procula. Claudia Procula verfügte, daß dieser junge Mann die finanziellen Angelegenheiten des Haushalts regeln sollte. Er machte es gut. Nie gab es Klagen.

Eines Tages blickte Pontius Pilatus aus dem Fenster seines Arbeitszimmers, er blickte hinab auf einen Nachbargarten. Dort sah er einen Apfelbaum, und dieser Apfelbaum trug wunderbare Früchte. Es gelüstete den Pontius Pilatus nach diesen Früchten, er rief den jungen Mann zu sich, seinen Finanzberater, und sagte: »Geh hinunter in diesen Garten, und pflück mir ein paar von den Äpfeln!«

Der junge Mann sagte: »Das kann ich nicht. Dieser Garten gehört dir nicht, er gehört jemand anderem.«

»Ich befehle es dir«, sagte Pontius Pilatus. »Ich bin Rom!«

Da ging der junge Mann in den Garten und pflückte Äpfel vom Baum.

Der Besitzer des Gartens überraschte ihn dabei, es war ein Mann mit Namen Ruben. Er sagte: »Was tust du hier?«

»Ich habe den Auftrag bekommen, für den römischen Statthalter, Pontius Pilatus, Äpfel zu holen.«

»Das darfst du nicht«, sagte Ruben.

»Ich tu es, weil Rom es mir befohlen hat«, sagte der junge Mann.

Es kam zu Handgreiflichkeiten. Der junge Mann gab Ruben einen Stoß, der wich zurück, stürzte, fiel mit dem Kopf auf einen Stein. Und war tot.

Pontius Pilatus ließ die ganze Sache vertuschen. Er hat einfach den Besitz dieses Mannes requiriert, hat ihn zum Eigentum des römischen Staates gemacht, und der römische Staat schenkte das Haus und den Garten dem jungen Mann, dem Finanzberater des Pontius Pilatus. So einfach war das.

Der Statthalter sagte: »Das alles gehört von nun an dir!«

»Was heißt das?« fragte der junge Mann. »Wie soll das gehen? In dem Haus wohnt ja noch eine Frau.«

»Was für eine Frau wohnt in dem Haus?«

»Die Frau des Mannes, den ich getötet habe. Sie heißt Cyborea.«

»Und was ist das Problem?« fragte Pontius Pilatus.

»Was soll ich mit der Frau machen, wenn du mir ihr Haus und ihren Garten schenkst?«

»Heirate sie!« befahl Pontius Pilatus.

Der junge Mann heiratete Cyborea. Er wußte nicht, daß sie seine Mutter war. Er wußte nicht, daß er seinen Vater getötet hatte. Und Cyborea wußte nicht, daß er ihr Sohn war, sie wußte von allem nichts. Ihr wurde ein Märchen aufgetischt. Wie ihr Mann umgekommen sei. Von Räubern überfallen. Daß ganz gewiß auch sie ihr Leben hätte lassen müssen, wenn nicht dieser junge Mann, der Finanzberater des Pontius Pilatus, zufällig aus dem Fenster seines Büros gesehen hätte und ihrem Mann beherzt zu Hilfe geeilt wäre, leider zu spät, aber dennoch die Halunken aus dem Garten vertrieben habe, gerade noch rechtzeitig, ehe sie ins Haus eingebrochen waren ...

Cyborea umarmte den jungen Mann. Dankte ihm. Lud ihn zu sich ein. Er sagte ihr nicht, daß längst alles ihm gehörte, der Garten, das Haus, alles, sogar sie selbst.

Eine große Sympathie war zwischen den beiden vom ersten Augenblick an. Eine große Liebe. Es war ja die Liebe zwischen Sohn und Mutter und Mutter und Sohn. Aber die beiden meinten, es sei eine Liebe zwischen Mann und Frau.

Cyborea wurde schwanger von dem jungen Mann.

Und dann erfuhr sie die Wahrheit. Niemand weiß, wer ihr die Wahrheit gesagt hat Daß sie die Mutter ihres Geliebten war. Daß ihr Geliebter ihren Mann getötet hat. Daß ihr Geliebter der war, von dem sie geträumt hatte, er werde der größte Verbrecher der Welt werden.

Da erhängte sich Cyborea.

Und der junge Mann? Der Finanzberater des Pontius Pilatus? Was ist aus ihm geworden?

»Ich bin dieser junge Mann«, sagte Judas Iskariot zu Thomas. »Ich bin es. Ich wollte das alles nicht. Es ist mein Schicksal. Aber wer will so ein Schicksal? Und wenn es so ist? Was kann ich tun? Ich bin ein Ausgeworfener. Was hätte ich tun sollen auf dieser Welt? Wenn ich mich im Spiegel angesehen habe, dann hat es mir gegraut vor mir selbst. Ich war ohne Trost. Ich bin hinunter zum Jordan gegangen, habe mir die Predigten des Täufers angehört. Getröstet haben sie mich nicht. Dann habe ich von Jesus aus Nazareth gehört. Ich habe mich auf den Weg gemacht, und ich habe ihm meine Geschichte erzählt. Wie ich sie dir erzählt habe. Er hat mich auf die Wange geküßt und hat mich umarmt. Da war meine Seele gesund.«

Thomas erhob sich, und Judas erhob sich, und die beiden Männer umarmten einander. Jeder schätzte am anderen besonders die unaufgeregte, sachliche Art. Aber jetzt umarmten sie einander.

»Wenn du ihn einmal sprechen hörst«, sagte Judas.

»Es kann ja nicht schaden«, sagte Thomas.

»Er wird dich heilen«, sagte Judas.

DRITTES KAPITEL

# Die Heilung

## Die Fünftausend

Später, viel später, lange nach der Katastrophe, wurde Thomas gebeten, er solle Jesus beschreiben. Wie er sich bewegt, wie er gesprochen, wie er ausgesehen habe, der Heiland.

»Wie eines Menschen Sohn«, antwortete Thomas darauf.

Was das heiße? Jeder Mann sehe doch aus wie eines Menschen Sohn. Wem er geglichen habe?

Darauf sagte Thomas: »Mein Mund kann es überhaupt nicht ertragen zu sagen, wem er gleicht.«

Viele Menschen waren an diesem Tag gekommen, mehr, als man erwartet hatte, viel mehr. Fünftausend waren es. Alle wollten den Mann aus Nazareth hören. Es war am See Genezareth, den die Römer Tiberiassee nannten. Früher Nachmittag. Die ersten hatten sich bereits am Morgen eingefunden. Hatten zu essen und zu trinken mitgebracht. Hatten gegessen und getrunken. Religiöse Fragen wurden erörtert, Sorgen ausgetauscht, die politische Lage diskutiert. Letzteres vor allem. Dazu bestand Grund genug.

Man wartete. Viele hegten Zweifel, ob Jesus überhaupt kommt. Man schickte Späher aus. Die sollten melden, wenn sie ihn sähen. Oder wenn sie einen Trupp der Römer sähen. Geschichten über den jungen Wunderrabbi wurden erzählt, Gerüchte weitergegeben, die wuchsen sich aus von Mund zu Mund. Einen halben Tag lang hatte man auf ihn gewartet. Gegen Mittag war er gekommen.

Nun drängten sich die Menschen am Ufer. Jesus stand unten am See auf einem Fischerboot, das aus dem Wasser gezogen und umgekippt worden war. Weil das Gelände vom See her leicht anstieg, konnte ihn jeder sehen. Die meisten, die gekommen waren, sahen und hörten ihn zum ersten Mal. Wie Thomas.

Thomas hielt sich abseits. Er war zwischen Hoffnung und Empörung hin und her gerissen. Einerseits empörte er sich über die geistige Unselbständigkeit der Menschen, wie er es nannte. Daß so viele so kritiklos einem Mann folgten, von dem sie gehört hatten – lediglich gehört hatten! –, daß er helfen könne. Helfen wobei? Helfen zu leben? Wer bitte soll mir bei der Bewältigung meines Lebens helfen können! Was wäre das für eine Anmaßung! Sein Stolz rebellierte.

Aber er war dann doch zusammen mit Judas gekommen, um den Nazarener zu hören. Aus freien Stücken war er gekommen. Aus Neugier, sagte sein Stolz. Um getröstet zu werden, sagte sein Herz.

Thomas stand weit hinten, wo die ersten Bäume wuchsen. Er war allein. Judas Iskariot war gleich, als Jesus angekommen war, nach vorne geeilt, hatte sich zu den Männern gesellt, die Jesus umringten, die man seine Jünger nannte. Bevor Jesus zu predigen begann, hatte unter den Jüngern Aufregung geherrscht. Sie hatten auf Jesus eingeredet. Es war wirklich niemand darauf vorbereitet gewesen, daß so viele Menschen kommen würden.

Judas hatte Thomas aufgefordert, mit ihm nach vorne zu gehen.

»Ich werde dich ihm vorstellen«, hatte er gesagt. »Es ist besser vorher als nachher. Nachher ist er erschöpft. Da ist es besser, man läßt ihn in Ruhe.«

»Ich möchte ihn erst beobachten«, hatte Thomas gesagt. »Geh du nur, kümmere dich nicht um mich!«

Und Judas hatte sich einen Weg durch die Menschenmenge gebahnt. Aufgeregt war er gewesen. Fremd war er dem Thomas gewesen. So kannte er ihn nicht.

Die Jünger rieten Jesus, er solle seine Predigt verschieben. Ein neuer Termin, ein neuer Ort. Es sei zu gefährlich. Zu viele Menschen. Jesus schüttelte den Kopf. Dann stieg er auf das Boot.

Der Mann sprach mit klarer Stimme. Bewegte sich wenig. Er war gut zu verstehen. Auch ganz hinten noch. Es war still. Manchmal hörte man jemanden husten. Dann wiederholte Jesus das Wort, das er gerade gesagt hatte. Als dürfe keines seiner Worte verlorengehen. Oder ein Kind weinte. Dann sprach Jesus zu dem Kind. Und das Kind wurde ruhig, und er fuhr fort, wo er unterbrochen worden war.

Thomas hatte sich vorgenommen, Notizen zu machen. Er wollte zu Hause – in »nüchternem Zustand« – überprüfen, was dieser Mann an Thesen vorgetragen hatte. Aber dann vergaß er es. Er lauschte den Sätzen, die Jesus sagte. Manches verstand er nicht. Zum Beispiel: Selig sei der Mensch, der den Löwen verschlingt. Dann werde der Löwe Mensch. Und wehe dem Menschen, den der Löwe verschlinge. Dann werde der Mensch ein Löwe. Er verstand es nicht. Aber er merkte es sich. Als wären diese Worte allein zu ihm gesprochen worden.

Anderes verstand er. Daß man seinen Feind lieben soll. Das war leicht zu verstehen. Allerdings unmöglich zu erfüllen. Solche Sätze erinnerten ihn an die Forderungen des Täufers. Wie kann ein vernünftiger Mann, der die Welt und die Menschen kennt, solchen Unsinn reden!

Dann gab es Sätze, die enthielten Trost. Daß die Kleinen groß gemacht werden. Daß die Erniedrigten und Beleidigten in den Himmel kommen. Daß Macht auch in der Schwäche liegen kann. Naive Sätze, ohne Zweifel, aber vorgetragen, als handelte es sich dabei um Tatsachen.

Manchmal mußte Thomas lächeln. Wenn Jesus sagte: Daß einen unrein nicht macht, was in den Mund hineinkommt, sondern was aus dem Mund herauskommt.

Offene Provokation lag in einigen Urteilen: »Wenn ihr fastet, dann begeht ihr eine Sünde in eurem Herzen. Wenn ihr betet, könnt ihr ganz leicht verurteilt werden. Wenn ihr Almosen gebt, dann schadet ihr euch.«

Dann wiederum gab es Sätze, die verwirrten Thomas, ärgerten ihn. Dieser zum Beispiel: »Wer die Bedeutung meiner Worte findet, wird nicht sterben.« Welche Anmaßung!

Aber wenn Jesus Geschichten erzählte – keine länger, als ein Mann dreimal den Atem anhalten kann –, dann vergaß Thomas, was er sich so sehr vorgenommen hatte, nämlich: Distanz zu halten, Skepsis zu bewahren, mißtrauisch zu bleiben. Nach jeder Geschichte sagte er sich: Gib acht, wenn er wieder zu erzählen beginnt! Sei auf der Hut, wenn er wieder mit Es-war-einmal anfängt. Und dann erzählte Jesus eine neue Geschichte, und wieder schwand alle Vorsicht in Thomas dahin ...

Wie lange sprach Jesus? Niemand konnte sagen, wie lange er gesprochen hatte, als er vom Boot herunterstieg. Eine halbe Stunde? Eine Stunde? Oder länger? Es war Abend geworden. Hatte er wirklich über drei Stunden gesprochen? So schnell war den Zuhörern die Zeit vergangen! Und was hatte er gesagt? Jeder erinnerte sich an etwas anderes. Als hätte er für jeden der Fünftausend eine eigene, eine ganz persönliche Predigt gehalten.

Nun hatten die Leute Hunger.

Keiner hatte damit gerechnet, daß so viele kommen würden, und keiner hatte damit gerechnet, daß alle bis zum Ende bleiben würden, und nur wenige wären geblieben, hätte man am Anfang gesagt, Jesus werde drei Stunden sprechen. Für viele war es nun zu spät, um sich auf den Heimweg zu machen, sie waren von weit her gekommen, hatten wenig oder gar keine Verpflegung mitgebracht. Hatten ihr Brot längst gegessen.

Fünftausend Menschen hatten Hunger.

Warum waren so viele gekommen? Es gab einen Grund. Sogar zwei Gründe.

Zunächst: Über Jesus wurden inzwischen viele Geschichten erzählt, wenn irgendwo zwei oder drei beieinander standen, dann wurde über ihn geredet. Dieser junge Wunderrabbi war Tagesgespräch. Ein neuer Stern am Prophetenhimmel. Er sei anders als die anderen, hieß es. Er sei gütig und könne zuhören, sagten die einen, er sei zu allen freundlich, egal, ob einer arm oder reich sei, schön oder häßlich. Andere widersprachen. Er habe Allüren, sagten sie. Sei unberechenbar. Manchmal sanft wie eine Mutter zu ihrem Kind, ja, dann aber jähzornig und ungerecht, sogar gewalttätig. Daß er die Händler aus dem Tempel gejagt hatte, das hatte Eindruck gemacht. Von wunderbaren Heilungen wurde berichtet, von Teufelsaustreibungen. Satans hundert beste Unterteufel habe er mit einem Fingerzeig in eine Schweineherde verbannt. Allerlei Zauberkunststücke wurden kolportiert. Er könne trockenen Fußes über das Wasser gehen. Und so weiter.

Jesus war berühmt. Mit seinen Predigten, seinen Geschichten, die seine Jünger Gleichnisse nannten, konnte es keiner der Propheten aufnehmen, die zu jener Zeit ihre Stimme erhoben. Wer Jesus gehört hatte, dem war hinterher, als habe er nur für ihn, ganz allein für ihn gesprochen. Dennoch: Wenn er bisher gesprochen hatte, dann waren einige hundert gekommen, um ihm zuzuhören. Mehr aber nicht. Warum also diesmal so viele?

Wenige Tage zuvor war Johannes der Täufer verhaftet worden. Nicht Pontius Pilatus, der Mächtigste, der römische Statthalter, hatte den Befehl dazu erteilt. Der interessierte sich nicht für diesen Verrückten unten beim Jordan. Es war ihm nie berichtet worden, der Täufer habe auch nur ein Wort gegen Rom gesagt. Vor einem Hitzkopf, der sich von Heuschrecken und wildem Honig ernährte, brauchte sich das Imperium Romanum nicht zu fürchten. Johannes war von Herodes Antipas verhaftet worden.

Herodes Antipas, genannt der Fuchs, war der zweite Sohn von Herodes dem Großen. Als die römische Besatzungsmacht nach dessen Tod die Erbschaft regelte, erhielt Herodes Antipas Galiläa und Peräa. Er war eine Marionette Roms, er tat alles, um sich bei den Römern einzuschmeicheln. So gründete er beim See Genezareth eine Stadt und nannte sie zu Ehren des Kaisers Tiberias.

Herodes Antipas lebte nach seiner Scheidung mit seiner Schwägerin Herodias zusammen. Johannes der Täufer hatte, wann immer er ein Beispiel für Verderbtheit in seinen Predigten nannte, auf diese Verbindung hingewiesen. Er ließ keine Gelegenheit aus, auf Herodes Antipas und auf Herodias zu fluchen. Die beiden waren das schlechte Beispiel schlechthin. Und immer fielen dem Täufer neue

Wendungen ein, um die beiden zu schmähen und lächerlich zu machen. Das war dem König schließlich zuviel geworden. Vor allem Herodias war es zuviel geworden. Sie drängte darauf, dem Täufer endlich das Handwerk zu legen. Johannes wurde verhaftet und in den Kerker geworfen.

Das war eine riskante Maßnahme. Der Täufer hatte viele Anhänger, und viele, die sich nicht unbedingt seine Anhänger nannten, hielten ihn für einen heiligen Mann. Er war das lebendige schlechte Gewissen der Gesellschaft, er galt als unantastbar. Die Menschen waren empört, als sie von der Verhaftung des Täufers erfuhren. Es gab Demonstrationen gegen Herodes Antipas. Die Demonstranten forderten die sofortige Freilassung des Johannes.

Pontius Pilatus hätte Herodes zwingen können, den Täufer freizulassen. Aber er mischte sich nicht ein. Rom konnte es nur recht sein, wenn sich die Juden gegenseitig beschimpften und bekämpften, da waren sie leichter zu beherrschen.

Pontius Pilatus hatte allen Grund, mit sich und seiner Politik zufrieden zu sein. Zur selben Zeit nämlich war dem Statthalter ein Schlag gegen einen Mann gelungen, der bedeutend gefährlicher war als dieser religiöse Fanatiker im härenen Gewand. Römische Soldaten hatten den Barabbas gefangengenommen, den Anführer jener Guerillaarmee, die den Römern schon empfindliche Verluste zugefügt hatte.

Pontius Pilatus gab die Verhaftung des Führers der Aufständischen im ganzen Land bekannt. Die erste Reaktion der Bevölkerung war stilles Entsetzen. Depression. Aber der Statthalter kannte die Juden. Er rechnete mit Aufständen. Die römischen Truppen waren in Bereitschaft.

Barabbas war ein populärer Mann. Auch ein heiliger Mann. Keiner trennte Politik von Religion, kein Jude. Viele sahen in Barabbas den Erlöser. Barabbas war ein Übername, er hieß eigentlich Jesus. Den einen Jesus nannte man den Nazarener, weil er aus Nazareth stammte, den anderen Bar Abbas, den Sohn des Vaters, und das meinte den Sohn Gottes, das war soviel wie ein Titel. Ein Kriegsname, der Name für einen Gesegneten. – Der Name des Messias.

Niemand zweifelte daran: Barabbas würde einen Prozeß bekommen, einen Schauprozeß, man würde ihn hinrichten, kreuzigen. Johannes der Täufer repräsentierte eine geistige messianische Bewegung, Barabbas die politische. Nun waren die beiden Bewegungen ihrer Köpfe beraubt. Alle Hoffnungen konzentrierten sich auf den neuen Propheten, diesen Jesus von Nazareth.

Hatte nicht Johannes der Täufer gesagt, er sei nicht der Messias, es werde einer kommen, der wird stärker sein als er? Er, Johannes, sei nicht einmal würdig, ihm die Sandalen hinterherzutragen. Es wurde erzählt, Jesus sei unten beim Jordan gewesen. Wann war das? Vor einem Monat? Vor einem Jahr? Er wollte sich von Johannes taufen lassen, der aber habe gesagt, nein, ich sollte mich von dir taufen lassen, aber Jesus habe darauf bestanden, und da habe ihn Johannes getauft, und da habe sich der Himmel aufgetan, und der Heilige Geist sei herabgeschwebt und habe die Form einer Taube angenommen und sich auf den Scheitel des Nazareners gesetzt. So wurde erzählt.

Die Leute sagten: »Jesus von Nazareth ist der Messias! Der Johannes hat es gesagt!«

Darum waren die Anhänger des Johannes zum See Genezareth gekommen. Um Jesus zu hören. Den Messias.

Und die Anhänger des Barabbas waren ebenfalls gekommen. Der stolze, wilde, unbeugsame Barabbas! Was hatte er ausgerufen, als ihn die römischen Soldaten in Ketten abführten? Ihn könne man töten, aber nicht die Freiheit! Für jeden getöteten Freiheitskämpfer werden zehn neue, bessere aufstehen. Niemand solle um ihn, Barabbas, weinen. Denn ein neuer Führer werde an seine Stelle treten, mächtiger als er ... Die Soldaten mußten ihm das Gesicht blutig schlagen, da war er endlich still.

Die Leute sagten: »Hat Barabbas nicht gesagt, der neue Führer ist bereits mitten unter uns?« Und sie sagten: »Jesus ist dieser neue Führer!«

Darum waren auch die Anhänger des Barabbas zum See Genezareth gekommen. Um Jesus zu hören. Und als Jesus gesprochen hatte, dachte jeder bei sich: Er ist der Messias.

Auch Thomas? Dachte auch er so?

Er gestand es sich nicht ein. Das konnte er nicht. Noch nicht. Als Jesus von dem umgekippten Boot stieg, verließ er den Ort. Ging allein. Wanderte durch den Abend. Nahm für die Nacht Quartier in einer Herberge. Judas Iskariot suchte ihn.

Die Menschen hatten Hunger. Fünftausend Menschen!

Und was geschah? Ein Wunder geschah!

Einige Tage später besuchte Judas Iskariot den Thomas in dessen Haus in Jerusalem und erzählte ihm.

Jesus habe seine Jünger gefragt, ob jemand da sei, der noch etwas zu essen bei sich habe.

»Ein Hirtenbub ist da«, hieß es, »der hat fünf Gerstenbrote und zwei Fische bei sich.«

Jesus sagte: »Bringt ihn zu mir!«

Jesus sagte: »Teilt die fünf Gerstenbrote und die zwei Fische unter den Menschen auf!«

»Und keiner hat sich gemeldet und gesagt, das ist doch verrückt – fünf Brote und zwei Fische für fünftausend Menschen?« fragte Thomas den Judas.

»Das hat keiner gesagt, nein.«

Die Menschen wurden satt. Fünftausend Menschen wurden satt von fünf Broten und zwei Fischen!

Jesus sagte: »Sammelt die Reste ein!«

Zwölf Körbe blieben übrig! Zwölf große Körbe voll Brot und Fisch!

Ein Wunder war geschehen! Vor den Augen von fünftausend Menschen! Wer wollte da noch zweifeln?

»Hast du die zwölf Körbe gesehen?« fragte Thomas.

»Sie sind weggetragen worden«, sagte Judas. »Man hat das Brot und die Fische den Armen der Umgebung geschenkt.«

»Ob du diese Körbe gesehen hast?«

»Gesehen! Ja, ich habe sie gesehen. Jedenfalls haben alle gesagt, es seien zwölf Körbe übrig geblieben. Alle haben sie gesehen.«

»Also, gesehen hast du sie nicht, mit deinen eigenen Augen.«

»Wenn aber alle es sagen!«

»Ich habe das Wunder auch nicht gesehen«, sagte Thomas. »Nicht mit meinen Augen.«

»Du mußt an ihn glauben«, sagte Judas Iskariot. »Dann wird deine Seele gesund.«

»Wie kann ich glauben, daß aus fünf Broten und zwei Fischen zwölf volle Körbe werden, nachdem fünftausend Menschen davon satt geworden sind!«

Thomas glaubte nicht. Diese Geschichte beleidigte seine Intelligenz. Nein, er glaubte nicht!

Aber er hatte Jesus gehört. Und er hatte sich diesen Worten nicht entziehen können, dieser Stimme. Und als Jesus wieder zu seinen Jüngern sprach, war Thomas in der Nähe und hörte zu. Und was er hörte, tröstete ihn, als wäre es für ihn allein gesprochen. Und diesmal machte sich Thomas Notizen.

Er schrieb die Worte nieder, die der Mann aus Nazareth sprach.


## Der Sanhedrin


Da waren zwei Jünger des Jesus, die nannten sich selbst Jünger der Nacht. Weil sie sich am Tag nicht mit ihm sehen lassen wollten. Sie wagten es nicht. Der eine hieß Nikodemus, der andere Josef von Arimatäa. Sie waren beide Mitglieder des Sanhedrin.

Der Sanhedrin war der Hohe Rat der Juden. Das Wort ist im Aramäischen ein griechisches Lehnwort, es leitet sich ab von »synedrion«, was soviel wie Ratsversammlung bedeutet.

Diese Versammlung soll von Moses auf Befehl Gottes gegründet worden sein. Bei 4. Moses 11, 16–17 heißt es: »Und der Herr sprach zu Moses: Versammle siebzig Männer von den Ältesten Israels vor mir, die du als Älteste des Volkes und Listenführer kennst; bring sie zum Offenbarungszelt! Dort sollen sie sich mit dir zusammen aufstellen. Dann komme ich herab und rede dort mit dir. Ich nehme etwas von dem Geist, der auf dir ruht, und lege ihn auf sie.«

Aus diesem Grund umfaßte der Sanhedrin siebzig Mitglieder und den Hohenpriester als Vorsitzenden. Die Aufgaben des Sanhedrin erstreckten sich auf alle Lebensbereiche des jüdischen Volkes, sei es die interne Rechtsprechung, seien es die Beziehungen zwischen den Römern und den Juden. Selbstverständlich war der Sanhedrin für alle religiösen Fragen zuständig und seine Antworten maßgebend.

Unter Herodes dem Großen wurden die Kompetenzen des Sanhedrin arg beschnitten, der König ließ all jene Mitglieder umbringen, die sich ihm widersetzten, so daß der Hohe Rat unter seiner Herrschaft zu einer machtlosen Institution verkam, die nichts weiter zu tun hatte, als die Machenschaften des Königs zu legitimieren.

Merkwürdigerweise waren es ausgerechnet die Römer, die die Macht des Sanhedrin wiederherstellten. Als nach dem Tod Herodes' des Großen ein römischer Prokurator eingesetzt wurde, bedeutete dies für den Sanhedrin, daß er in seine angestammten Funktionen zurückgeführt wurde. Es wäre den Römern unökonomisch erschienen, einen neuen aufwendigen Verwaltungsapparat aufzubauen, wenn bereits eigene Strukturen vorhanden waren. Die Römer scherten sich nicht um innerjüdische Angelegenheiten und um Religion schon gar nicht – jedenfalls, solange sich die Religion nicht gegen Rom kehrte. Eine Weile ging das gut.

Aber dann entstanden an allen Orten Freiheitsbewegungen gegen Rom. Und diese Freiheitsbewegungen motivierten sich sehr wohl religiös. Nun mischten sich die Römer doch in die innerreligiösen Angelegenheiten der

Juden ein, sie begriffen, daß kein Jude Religion und Politik voneinander trennte.

Der Sanhedrin konnte bald nicht mehr unbeobachtet und unkontrolliert von der Besatzungsmacht agieren. Die Mitglieder des Hohen Rates fürchteten – zu Recht –, daß die Römer diese für das Leben der Juden so wichtige Institution sofort zerschlagen würden, wenn sie auch nur den geringsten Verdacht hegten, daß der Sanhedrin mit den Aufständischen sympathisierte. Deshalb blieb man auf Distanz zu Johannes dem Täufer, verurteilte man selbstverständlich den Barabbas und seine Lestes, und auch zu dem neuen Propheten, Jesus von Nazareth, hielt der Hohe Rat vorerst kritischen Abstand. Ganz egal, was dieser Mann predigte – so viel bemühte man sich deutlich zu machen –, es war nicht die offizielle Meinung der Juden.

In den Evangelien, besonders im Johannesevangelium, kommt der Hohe Rat schlecht weg. Aus denselben Gründen, die ich schon weiter oben erwähnt habe: Die Evangelien wurden zu einer Zeit geschrieben, als der Terror Roms einen Höhepunkt erreicht hatte. Außerdem standen die jungen Christen in einem Konkurrenzkampf mit den Juden. Die Christen waren eine Sezessionsbewegung, und jede Sezessionsbewegung bekämpft am schärfsten ihre eigene Herkunft. Welche fatalen und durch die Jahrhunderte grauenhaften Folgen der evangelische Antisemitismus haben wird, das konnten die Evangelisten, allen voran Johannes, nicht ahnen.

Neueste historische Studien beweisen, daß die Rolle des Sanhedrin bei der Verurteilung und beim Tod Jesu eine andere war, als in den Evangelien beschrieben wird. Chaim Cohn, der nach dem Zweiten Weltkrieg als oberster Richter im Staat Israel tätig war, hat ein Leben lang

Material zu diesem Thema gesammelt, sein Buch »Der Prozeß und Tod Jesu aus jüdischer Sicht« möchte ich an dieser Stelle empfehlen.

Aus dem Buch von Chaim Cohn erfahren wir, daß der Sanhedrin wohl doch nicht ganz so unabhängig arbeiten konnte, wie man bislang glaubte. Kaiphas, der zu jener Zeit amtierende Hohepriester, der dem Rat vorstand, war allem Anschein nach in zumindest gutem Einvernehmen mit der römischen Prokuratur, wenn nicht gar von dieser bestochen, das heißt: in Spitzelsold stehend.

Wahrscheinlicher jedoch ist, daß nicht die Römer an den Hohenpriester, sondern daß der Hohepriester an die Römer gezahlt hat. Damit sie ihn in seiner hohen Funktion halten. Kaiphas war achtzehn Jahre Hoherpriester. Das ist eine ungewöhnlich lange Zeit. Während der gesamten Dauer der Amtszeit des Pontius Pilatus gab es keinen Wechsel an der Spitze des Sanhedrin. Das heißt, hier haben sich Strukturen gebildet und gefestigt. Kaiphas war reich, und Korruption kann durchaus stabile Verhältnisse schaffen, allerdings nur dann, wenn sie gut geschmiert wird. Der Nachfolger des Pontius Pilatus habe, so heißt es, als eine seiner ersten Taten den Kaiphas abgesetzt. Nicht wenige deuteten dies als eine Geste der Versöhnung gegenüber den Juden, die den Langzeithohenpriester wegen seiner finsteren Rolle bei der Ermordung Jesu haßten.

Zwei Jünger Jesu gehörten also dem Hohen Rat an, Nikodemus und Josef von Arimatäa. Nikodemus war einer der klügsten und gelehrtesten Köpfe seiner Zeit. Er war außerordentlich belesen, kannte sich in biblischen Fragen ebenso aus wie in der Philologie, die wir heute die klassische nennen. Jesus führte lange Gespräche mit ihm. Wir dürfen annehmen, daß Nikodemus eine Zeitlang die Rolle eines Mentors für Jesus eingenommen hat. Bis Jesus mit etwa dreißig Jahren in die Öffentlichkeit trat.

Wie gesagt, Nikodemus wagte es nicht, bei Tag zu Jesus zu kommen. Nicht weil er feige war, sondern weil er den Römern keinen Vorwand liefern wollte, gegen den Sanhedrin vorzugehen. Wohl auch, weil er innerhalb des Sanhedrin keine Diskussion anzetteln wollte, die zu Streitereien geführt und dem Volk den Eindruck von Uneinigkeit vermittelt hätte.

Josef von Arimatäa, das andere Mitglied des Hohen Rates unter den Jüngern Jesu, war ein reicher Bürger Jerusalems. Es heißt, daß er Jesus und seine Jünger, von denen die meisten ja nicht mehr arbeiteten, finanziell unterstützte.

## Maria Magdalena

Nikodemus und Josef von Arimatäa traten eines Nachts vor Jesus hin und sagten: »Wir wollen dich warnen! Der Hohe Rat sieht deinen Erfolg mit großer Sorge. Kaiphas ist neidisch. Er macht Stimmung gegen dich. Verbreitet Lügen. Es ist beschlossen worden, daß einige Mitglieder dich aufsuchen sollen. Man will dich prüfen.«

Simon, einer der Jünger, man nannte ihn Petrus, den Fels, er war weiß Gott kein gebildeter Mann, ein Fischer war er, konnte nicht lesen und schreiben, wollte es aber lernen, denn er hatte große Achtung davor, und er hielt Jesus für den gescheitesten Mann, der je gelebt hatte,

Simon sagte: »Prüfen will man ihn? Ihn will man prüfen? Wir werden alle da sein. Und werden lachen! Und dann wird er sie prüfen! Und wir werden wieder lachen!«

»Sie wollen nicht herausfinden, was Jesus alles weiß«, sagten Nikodemus und Josef von Arimatäa. »Sie wollen ihm eine Falle stellen.«

Thomas war Zeuge dieser Unterredung. Er gehörte nicht zur Jüngerschaft, nein, aber er nutzte jede Gelegenheit, um in Jesu Nähe zu sein. Wenn Jesus sprach, wurde sein Herz ruhig – und sein Verstand wach. Die Worte brachten ihm Trost, und er schrieb sie nieder.

Judas Iskariot wollte ihn Jesus vorstellen. Thomas sagte, er sei noch nicht so weit, Judas solle ihm noch etwas Zeit lassen.

Dann, wenige Tage nachdem Nikodemus und Josef von Arimatäa Jesus gewarnt hatten, kamen tatsächlich zwei Mitglieder des Hohen Rates. Es war zur Mittagszeit, Jesus und seine Jünger saßen im Schatten in der Nähe des Tempels. Die beiden Abgesandten waren in Begleitung eines Soldaten der Tempelwache, der führte eine junge Frau mit sich.

»Rabbi«, sagten die Abgesandten, »wir wissen, du bist ein gerechter Mann, du bist ein barmherziger Mann, und du bist ein gebildeter Mann. Du weißt, was im Gesetz steht, und du weißt es zu deuten. Wir haben hier eine Frau, sie wurde beim Ehebruch ertappt. Es gibt gar keine Debatte darüber, sie gesteht alles, sie hat die Ehe gebrochen. Was sollen wir mit ihr tun?«

Sie wollen ihm eine Falle stellen, dachte Thomas, jetzt ist es soweit. Davor haben Nikodemus und Josef von Arimatäa gewarnt. Thomas war gespannt, was geschehen wird.

Jesus würdigte die beiden Abgesandten des Hohen Rates keines Blickes. Er nahm ein Stöckchen, das neben seinem Fuß lag, und spielte damit. Als die beiden ihre Frage schon wiederholen wollten, unterbrach er sie, sah der jungen Frau gerade in die Augen.

»Wie heißt du?« fragte er.

»Sie soll nicht mit dir sprechen«, sagten die Abgesandten.

Jesus kümmerte sich nicht um die beiden.

»Wie heißt du?« wiederholte er.

»Maria Magdalena«, sagte die junge Frau. Sie hatte Angst. Und sie hatte allen Grund dazu.

Jesus kannte das Gesetz. Er wußte, welche Strafe einer Ehebrecherin drohte. Im Deuteronomium, dem fünften Buch Moses, heißt es: »Wenn ein unberührtes Mädchen mit einem Mann verlobt ist und ein anderer Mann ihr in der Stadt begegnet und sich mit ihr hinlegt, dann sollt ihr beide zum Tor der Stadt führen. Ihr sollt sie steinigen, und sie sollen sterben, das Mädchen, weil sie in der Stadt nicht um Hilfe geschrien hat, der Mann, weil er sich die Frau eines anderen gefügig gemacht hat.«

Todesstrafe. Steinigung. Die junge Frau wird vor eine Mauer gestellt, und faustgroße Steine werden auf sie geworfen. Bis sie tot ist.

Die Abgesandten des Hohen Rates wußten: Jesus hat Barmherzigkeit gepredigt, Liebe, Verzeihen. »Nicht wir sollen richten«, hat er gesagt, »Gott im Himmel, mein Vater, unser aller Vater, wird richten.« Wenn er jetzt verlangt, diese Frau freizulassen, barmherzig zu sein, dann darf man ihm vorwerfen: Du rätst dazu, das Gesetz zu brechen. Das ist Sünde. Dann hat man eine Handhabe, gegen ihn vorzugehen. Wenn er aber sagt, nein, dem Gesetz soll Genüge getan werden, steinigt diese Frau, dann kann man sagen: Aha, alles, was er redet, was er predigt, ist also nur theoretisch, das gilt alles nicht im konkreten Fall. Dann werden sich seine Anhänger von ihm abwenden.

Das war die Falle.

Thomas betrachtete Jesus. Der saß da, scheinbar geistesabwesend, als ob ihn die Sache nicht besonders interessierte, spielte mit dem Stöckchen, zeichnete Figuren in den Staub.

»Was sollen wir mit ihr tun, Rabbi?« fragten die Abgesandten des Hohen Rates.

»Was sollen sie mit ihr tun«, fragten nun auch die Jünger.

Schließlich sagte Jesus: »Es soll geschehen, was im Gesetz steht.«

Thomas war zutiefst enttäuscht. Er sah, wie die Abgesandten grinsten. Ihre Falle war zugeschnappt, jetzt würden sie überall herumerzählen, daß die Lehren des neuen Wunderrabbi nichts wert seien. Daß er lieber eine junge Frau dem Tod ausliefere, als daß er mit dem Gesetz in irgendwelche Schwierigkeiten gerate. Er ist wie wir, werden sie sagen, also warum etwas Neues ausprobieren, das nicht neu ist. Sie werden ihn lächerlich machen. Und er, Jesus, war in ihre Falle getappt. Thomas war enttäuscht, und er war ärgerlich.

Die junge Frau wimmerte, und Jesus blickte weiter vor sich nieder, ihre Angst schien ihn nicht zu rühren.

»Das ist eine gute Antwort, Rabbi«, sagten die beiden Abgesandten. »Wir haben keine andere Antwort von dir erwartet. Du bist vielleicht nicht der barmherzige Mann, von dem manche reden, aber du bist ein gebildeter Mann und kennst die Gesetze und kannst sie deuten.«

Sie wollten dem Soldaten der Tempelwache den Befehl geben, die Frau abzuführen, da sagte Jesus: »Wer von euch ohne Schuld ist, der werfe den ersten Stein!«

Für einen Moment war es still an diesem Mittag im Schatten des Tempels. – Wer kann von sich behaupten, er sei ohne Schuld? Wer? Kein Mensch auf dieser Welt kann das behaupten!

Da gingen die Vertreter des Hohen Rates beschämt nach Hause.

Jesus wandte sich nun der jungen Frau zu, sagte: »Niemand hier verurteilt dich. Ich verurteile dich nicht. Geh nach Hause, und sündige nicht mehr.«

Wer von euch ohne Schuld ist, der werfe den ersten Stein. Dieser Satz löste den Konflikt. Auf geniale Weise. Die Falle schnappte zu, aber fing keine Beute. Die Fallensteller waren jämmerlich bloßgestellt.

Mit diesen wenigen Worten hat Jesus die innere Zerrissenheit des Thomas geheilt, als hätte er diese Worte nicht an die Abgesandten des Hohen Rates gerichtet, sondern an Thomas. Mit diesen Worten hat Jesus die Sehnsucht nach Liebe und die Sehnsucht nach höchster Rationalität zusammengeführt. Und dieser Satz war überzeugender gewesen für Thomas als alle Wunder, von denen ihm erzählt worden war.

Er trat auf Jesus zu und sagte: »Ich möchte zu dir gehören.«

Jesus legte seine Hand auf die Brust des Thomas und umarmte ihn und legte seine Hände in die Hände des Thomas.

Und da befiel den Thomas abermals ein Schwindel, er stürzte zu Boden, verlor das Bewußtsein. Wie damals, als er das schwarze, harte, alte Holz berührt hatte. Er wurde nach Hause getragen, in sein schattiges, stilles Haus. Judas Iskariot blieb bei ihm, wartete neben seinem Bett, bis er erwachte.

»Du mußt einen Arzt aufsuchen«, sagte Judas. »Du bist krank.«

»Nein«, sagte Thomas. »Ich bin gesund. Jetzt bin ich gesund.«

## Die Legende vom Kreuz

Was hat es auf sich mit diesen Schwindelanfällen des Thomas? Warum zum ersten Mal, als er das schwarze, alte, harte Holz berührte? Warum zum zweiten Mal, als Jesus die Hand an seine Wange legte?

Legenden sind heilige Stücke der Mythologie, und die Mythologie will, daß alles, was ist und Bedeutung hat, auf den Ursprung zurückgeführt wird. Und darum will ich in einem Intermezzo die Legende vom Kreuz erzählen. Sie führt zurück zu den Anfängen und gibt uns Antwort.

Adam, unser aller Vater, der erste Mensch, der erste Mann, hatte, als sein Ende kam, neunhundertdreißig Jahre gelebt, und er wußte nicht, wie viele Jahre er davon im Paradies verbracht hatte, denn im Paradies gibt es keine Zeit. Und als er im Sterben lag, bat er seinen jüngsten Sohn, Seth, er möge sich auf den Weg machen und das Tor zum Paradies suchen.

»Was ist dort?« fragte Seth. Er war ein guter Sohn, sein Leben lang hatte er sein wollen wie sein Bruder Abel, von dem seine Eltern so viel erzählten. Die Welt hatte sich nämlich in Abel und Kain geteilt, und Abel war von Kain erschlagen worden, und nichts war von ihm übriggeblieben. Und Seth dachte: Vielleicht kann ich aus mir heraus etwas von dem guten Abel neu erstehen lassen und der Welt zurückgeben.

»Dort steht ein Engel und hält Wache«, sagte Adam.

So viel hatten seine Eltern vom Paradies erzählt, aber sonst hatte noch nie einer vom Paradies erzählt, und den Eingang zum Paradies hatte noch nie einer gefunden.

»Und wenn es das Paradies gar nicht gibt?« fragte Seth.

»Mach dich auf den Weg«, sagte Adam. »Ich bin zu schwach.«

»Und was soll ich dort?« fragte Seth.

»Bitte den Engel, er möge dir einen Zweig aus dem Garten bringen. Einen Zweig vom Baum der Erkenntnis. Und diesen Zweig bring mir! Aber du mußt dich beeilen!«

Adam dachte, wenn er einen Zweig vom Baum der Erkenntnis, der ja auch der Baum des Lebens war, in der Hand hielte, dann würde er vielleicht noch eine kurze Zeit leben können. Denn so beschwerlich das Leben außerhalb des Paradieses auch gewesen war, es war das Leben, und was nach dem Leben kam, das wußte Adam nicht. Niemand wußte das.

Seth machte sich also auf den Weg, und er fand das Tor zum Paradies, und dort stand der Engel. Er hielt ein Schwert in der Hand, und das Schwert hatte eine Schneide aus Feuer. Es war der Erzengel Michael, der das Tor zum Paradies bewachte.

»Du bist ein Mensch«, sagte Michael. »Kein Mensch darf durch dieses Tor gehen. Noch nicht.«

»Ich bin der Sohn des Adam und der Eva«, sagte Seth, »der Bruder des Abel«, und er bat den Engel, ihm einen Zweig vom Baum der Erkenntnis zu bringen, und Michael tat es.

Als Seth nach Hause kam, war Adam bereits gestorben. Da steckte Seth das Zweiglein über dem Grab seines Vaters in die Erde, und das Zweiglein schlug Wurzeln, und ein Baum wuchs aus dem Grab des Adam.

Der Baum wuchs und wuchs und breitete seine Äste aus, und er wuchs über Hunderte von Jahren, wuchs über Tausende von Jahren, kein Baum war je größer, an Ästen reicher gewesen, aber Früchte trug er nicht.

Die Menschen vergaßen, daß der Baum auf dem Grab des ersten Mannes gepflanzt worden war. Es ist nicht bekannt, ob Seth jemandem erzählt hatte, daß er das Tor zum Paradies gefunden, daß er den Erzengel Michael gesprochen, daß ihm der Engel ein Zweiglein vom Baum der Erkenntnis gebracht hatte. Aber angenommen, Seth hatte diese Geschichte erzählt, dann hatten irgendwann die Menschen vergessen, die Geschichte weiterzuerzählen. Und bald wußte keiner mehr, was das für ein Baum war und aus welcher Erde er wuchs.

Der Baum stand noch zur Zeit des Königs Salomon. Der war, wie jeder weiß, ein kluger König, der ebenso gut Rätsel lösen konnte, wie er sich bei den Tieren und den Pflanzen auskannte, und ein Dichter war er obendrein. König Salomon gab den Auftrag, den großen, alten Baum zu fällen.

Warum?

Salomon erwartete Besuch von der Königin von Saba. Salomon wollte, daß eine neue Brücke über den Jordan gebaut wurde, damit die Königin sähe, was für eine wunderbare Stadt sie da betrat. Aber noch bevor sie die Stadt betrat, in der so viele erstaunliche Gebäude standen, sollte sie über die Brücke staunen, denn die Brücke sollte aus einem Stück gefertigt sein. Es gab auf der ganzen Welt nur einen Baum, der so groß war, daß aus seinem Stamm eine ganze Brücke geschnitzt werden konnte. Ebenjener Baum, der auf dem Grab des Adam wuchs.

Die Königin von Saba kam, aber als sie die neue Brücke betreten wollte, warnte sie ihr Hellseher: »Setz deinen Fuß nicht auf die Brücke! Denn an diesem Holz wird eines Tages der König der Könige, der König der Welt erhöht werden!« sagte er.

Da machte die Königin von Saba einen Umweg, überquerte den Jordan an einer anderen Stelle.

Zu König Salomon sagte sie: »Das Holz, aus dem du deine neue Brücke hast bauen lassen, wird eines Tages den König der Könige tragen. Du bist weise, sag mir, was das bedeutet!«

Da dachte Salomon bei sich: Der König der Könige? Wer soll das sein? Das bin doch ich. Wer sonst? Aber er wußte nicht, was es bedeutete, daß dieses Holz ihn eines Tages tragen würde. Er fürchtete sich vor dieser Weissagung, als erzähle sie von seinem Untergang, und als die Königin von Saba abgereist war, ließ er die Brücke niederreißen und gab Befehl, das Holz tief im Boden zu vergraben.

Da lag nun dieses Holz in der Erde, und das Holz hatte Gewicht – es hatte natürliches Gewicht und mythologisches Gewicht –, und es sank nach unten, sank immer tiefer und tiefer, und schrumpfte und wurde deshalb immer härter und schwerer, und es wurde schwarz. Und schließ-

lich war es durch die Erde nach unten gewandert und
gelangte in der Unterwelt ...

Diese Legende ist ein Bastard. Zugegeben. Verschiedene
Mythologien haben mitgemischt. Die Legende ist typisch
für eine Übergangszeit, in der sich etwas Neues zu entwickeln beginnt, das selbst noch nicht über genügend
Selbstgewißheit verfügt, nicht einmal genug, um sich einen
Namen zu geben. Als ob dieses Neue, noch bevor es sich
definieren kann, sein Erscheinen erst rechtfertigen möchte,
ruft es alle möglichen alten Geschichten als Zeugen auf,
damit diese bestätigen, daß es genügend alte Heroen gibt,
die sich dem Neuen legitimierend zur Seite stellen.

Die Legende vom Kreuz holte sich stattliche Schützen-
hilfe bei der griechischen Mythologie.

In der Unterwelt herrscht nach der griechischen Mythologie der Gott Hades. Noch lange nicht gibt es die katho-
lische Hölle mit ihren Teufeln, die nur böse sind. Ein
finsterer, aber gerechter Gott ist Hades. Er hütet die Seelen
der Verstorbenen, er will ihnen nichts Böses tun.

Und da sieht er: Von oben wächst ein Stück Holz in sein
Reich herab, ein schweres, schwarzes, hartes Stück Holz.
Und als das Holz auf den Asphodeliengrund plumpst,
da beginnt einer der Schatten, die hier glücklos vor sich
hindämmern, zu jubeln und zu singen. Das ist Josef, näm-
lich der ägyptische Josef, der Sohn des Jakob, Enkel des
Isaak, Urenkel des Abraham. Josef war zu Lebzeiten ein
Hellseher und Traumdeuter gewesen, und er hatte sich im
Hades seine hellseherischen Fähigkeiten erhalten.

Josef sang und prophezeite dem Gott Hades: »An diesem Holz, das durch die Erde zu uns herabgesunken ist,

wird eines Tages der König aller Könige erhöht werden, und er wird uns, die wir gerecht sind, aus der Unterwelt zurück ins Paradies führen.«

Da sagte Hades: »Der König aller Könige? Das bin ja ich. Jedenfalls hier unten, und hier unten ist die letzte Station für jeden Menschen, gleich ob er Bettler oder König ist.«

Die Legende erzählt, daß zu dieser Zeit Herakles in der Unterwelt weilte. Allerdings nennt die Legende nicht den Grund für seinen Besuch.

Hades rief den Helden zu sich, sagte: »Du bist der Stärkste, du bist göttlich, du hast die Kraft, dieses Stück Holz zur Erde zurückzuschicken.«

»Na und?« sagte Herakles.

»Tu es!« sagte Hades.

Und Herakles hat es getan. Er drückte den Stamm des Baumes, der auf dem Grab des Adam gewachsen war, aus der Unterwelt hinaus, durch die Erde hinauf, drückte ihn nach oben, setzte seine ganze Kraft dahinter, so daß das Holz nach oben getrieben wurde. Über Hunderte von Jahren stieg das Holz nach oben zur Erdoberfläche zurück und kam an der Oberfläche an just an dem Tag, als die Arbeiter nach den Plänen des Thomas die große Zisterne für die Stadt Jerusalem aushoben.

Ja, dieser schwarze, alte, harte Stamm war Holz vom paradiesischen Baum der Erkenntnis. Als Thomas das Holz berührte, hat ihn ein Schwindel erfaßt, und er war niedergestürzt. Und als später Jesus seine Brust berührte, erfaßte ihn wieder dieser Schwindel. Denn Jesus ist der König aller Könige, der König der Welt, er wird an diesem Holz erhöht werden. – So will es die Legende.

Niemals kann es ein Mythos zulassen, daß ein so heiliger Gegenstand wie das Kreuz, an dem ein Gott stirbt, aus einem normalen Baumstamm gefertigt wird. Der Mythos schafft Bedeutung. Die Legende vom Kreuz spannt den Bogen vom Sündenfall zur Erlösung.

VIERTES KAPITEL

# Worte und Wunder

## Das Evangelium des Thomas

Als Thomas wieder Kraft gewonnen hatte, gab er alles auf, seinen Beruf, seine Kollegenschaft, die Sicherheit seines bisherigen Lebens, und er folgte Jesus. Er wurde ein Jünger Jesu. Und er schrieb auf, was Jesus lehrte, und er machte keinen Unterschied, ob er die Worte verstand oder nicht.

»Wer bin ich, daß ich entscheiden könnte, welches seiner Worte es wert ist, aufgeschrieben zu werden, und welches nicht«, sagte er.

Er schrieb alles auf. Hundertvierzehn Eintragungen sind uns unter dem Namen des Thomas überliefert. Wir wissen nicht, ob es sich bei dem Konvolut um sämtliche Aufzeichnungen handelt, die nach Thomas benannt sind. Es könnten schon in sehr früher Zeit Teile des Textes verlorengegangen sein. Darüber weiß man gar nichts.

Etwas anderes aber weiß man, und das möchte ich erzählen: Zwei Brüder, deren Namen man nicht vergessen sollte, Muhammad und Khalifah Ali, stießen im Dezember 1945 auf einem Friedhof in der Nähe der ägyptischen Stadt Nag Hammadi bei Grabungen auf einen Tonkrug. Sie öffneten den Krug und fanden zu ihrer Enttäuschung nur beschriebene Blätter. Dennoch nahmen sie den Krug mit nach Hause. Vielleicht, dachten sie, kann man den Inhalt doch irgendwie brauchen. Die Mutter der beiden soll einen Teil der Schriften zum Anzünden des Herdfeuers verwendet haben. Welche Schätze dabei für immer verlorengingen, wissen wir nicht – zum Glück, möchte ich sagen, ein Verlust schmerzt mehr, wenn man weiß, was verlorenging.

Irgendwann aber seien ihnen die vielen fremden Schriftzeichen dann doch unheimlich geworden, erzählten die Brüder Ali später, sie brachten den Rest der von ihnen gefundenen Bibliothek zu einem koptischen Priester, dessen Frau die Blätter ihrem Bruder zeigte, einem einschlägig interessierten Englischlehrer, und der erkannte den Wert des Fundes und brachte die Reste zu einem Freund nach Kairo, der Kontakte zum Ministerium für Altertum unterhielt, das Ministerium gab sich gnädig und kaufte und bezahlte zweihundertfünfzig Pfund. Die Schriften waren in koptischer Sprache verfaßt. Sie wurden übersetzt und der Welt zugänglich gemacht.

Der Fund von Nag Hammadi war eine Sensation, keine geringere als jener zwei Jahre später im Wadi Qumran beim Toten Meer. Das Konvolut enthielt neben einer Reihe anderer Schriften eben auch das sogenannte Thomasevangelium, also jene hundertvierzehn Mitschriften von Worten Jesu.

Für die Wissenschaft am Neuen Testament schloß der Thomastext eine Lücke. Wenn man die vier kanonischen – das heißt, die von der Kirche als einzig gültig ausgewiesenen und als solche allein den Namen Evangelien verdienenden Schriften über das Leben und Leiden Jesu –, wenn man also die vier kanonischen Evangelien betrachtet, dann fällt auch dem flüchtig Lesenden auf, daß sich Markus, Matthäus und Lukas deutlich von Johannes unterschieden. Johannes war ein Poet, und er gab eine ganz eigene Darstellung seines Stoffs, die anderen Evangelien haben offensichtlich keinen Einfluß auf ihn ausgeübt. Matthäus und Lukas dagegen weisen eine deutliche Abhängigkeit von Markus auf, was darauf schließen läßt, daß letzterer wenigstens von den dreien der älteste ist. Eine Zusammenschau von Matthäus, Lukas und Markus belegt diese These. Der griechische Begriff für Zusammenschau ist Synopse, deshalb werden die drei auch die Synoptiker genannt.

Das Evangelium nach Markus ist also das älteste. Hat Markus Jesus gekannt? Die Antwort lautet: Nein. Woher wußte er dann von den Geschehnissen? Bischof Papias von Hierapolis berichtet um 130 nach Christus: »Markus war Dolmetscher des Petrus und schrieb sorgfältig auf, was dieser im Gedächtnis behalten hatte, jedoch nicht der Reihe nach, was vom Herrn gesagt oder getan worden war. Denn er selbst hatte den Herrn ja nicht gehört ...« Ob es tatsächlich so war, ist mit diesem Zitat allerdings noch lange nicht gesichert.

Als gesichert kann man hingegen annehmen, daß Markus für Matthäus und Lukas zweifellos die ergiebigste Quelle war. Aber Markus ist eben nur eine Quelle. Da gibt es bei Matthäus und Lukas – neben anderen nachvollziehbaren Quellen – noch eine andere Quelle, auf die bis zum Fund von Nag Hammadi nur geschlossen werden konnte. Offensichtlich zitierten sowohl Matthäus als auch Lukas aus einer Schrift, die den Forschern nicht zugänglich war, einer verlorenen Schrift.

Es ist eine Vermutung, nur eine Vermutung, aber vieles deutet darauf hin, daß es sich bei dieser Quelle um die Spruchsammlung des Thomas handelt.

Heute ist die Forschung weitgehend davon überzeugt, daß das Thomasevangelium der älteste der evangelischen Texte ist, daß er – wahrscheinlich als einziger – von einem wahren Zeugen geschrieben worden war. Für den Erzähler, dem das Es-könnte-so-gewesen-Sein mindestens ebenso wichtig ist wie das Es-war-So, bedeutet das schon fast soviel wie ein Freibrief für die Phantasie, sein Thomas – unser Thomas – habe ihn gesehen, habe ihn gehört. Habe mitgeschrieben ...

Jesus sagt: »Wenn ihr einen seht, der nicht von einer Frau geboren wurde, dann werft euch auf euer Angesicht und betet ihn an, denn er ist euer Vater.«

Jesus sagt: »Ich habe Feuer in die Welt geworfen und will aufpassen, daß es nicht ausgeht, bevor es lodert.«

Jesus sagt: »Ich bin das Licht, das über allem ist. Ich bin die himmlische Welt. Sie ist aus mir hervorgegangen, und in mir hat sie ihr Ziel erreicht. Spaltet ein Stück Holz, ich bin da. Hebt einen Stein auf, ihr werdet mich dort finden.«

Jesus sagt: »Wenn zwei in einem Haus miteinander Frieden schließen können, dann können sie auch zu einem Berg sagen: ›Geh weg von hier und begib dich dort drüben hin‹, und er wird es tun.«

Jesus sagt: »Vielleicht denken die Menschen, daß ich gekommen bin, um Frieden auf die Welt zu bringen. Doch sie wissen nicht, daß ich gekommen bin, um Zwietracht auf die Erde zu bringen, Feuer, Schwert und Krieg. Denn wenn fünf Menschen in einem Haus sind, werden drei gegen zwei und zwei gegen drei sein. Der Vater wird gegen den Sohn sein und der Sohn gegen den Vater. Jeder wird einzeln für sich dastehen.«

Jesus sagt: »Werdet Vorübergehende!«

# Damit das Wirken Gottes sichtbar werde

Thomas folgte Jesus nach, und wenn die Jünger – zwölf waren es inzwischen – sich um ihn scharten, dann war Thomas einer der nächsten. Thomas wurde Zeuge von wunderbaren Heilungen, wurde Zeuge, wie Jesus Dämonen austrieb, wie er unheilbar Aussätzige heilte.

War er wirklich Zeuge? Warum hat er in seiner Schrift über diese Wunder nicht berichtet? Hielt er ein Wunder für nicht erwähnenswert? Das wäre eine zu bizarre Vorstellung eines Rationalisten. Oder gab es vielleicht gar nichts zu berichten? Gab es gar keine Wunder? Waren die Wunder erst später in den Erzählungen des Volkes entstanden? Waren weitererzählt und weitererzählt worden, bis niemand mehr daran zweifelte, zumal auch niemand daran zweifeln wollte? Hatten womöglich die vier Evangelisten, Johannes, Matthäus, Lukas und Markus, in ihren Erzählungen Tatsachen ebenso sprechen lassen wie Legenden? Wahr ist, daß im Thomasevangelium nur Worte Jesu überliefert sind, aber nicht ein einziges Wunder, das er vollbracht hat.

Die Legenden aber erzählen – und man verzeihe mir, daß ich die heiligen Evangelien auch als Legenden bezeichne –, die Legenden erzählen ...

An einem Sabbat hat Jesus die verdorrte Hand eines Mannes geheilt. Das hat großes Aufsehen erregt, Abgesandte der Priesterschaft kamen und sagten zu Jesus: »Du weißt doch, am Sabbat darf man nicht arbeiten.«

Jesus sagte: »Aber Gutes tun darf man doch am Sabbat, und ich habe Gutes getan.«

Dann hat Jesus einen Blindgeborenen geheilt, er hat ihm auf die Augen gespuckt, und der Mann konnte sehen.

Wieder kamen die Abgesandten des Hohen Rates und sagten: »Weißt du denn, was du hier getan hast? Dieser Mann ist blind geboren. Das heißt, es ist der Wille Gottes, daß er nicht sehen kann. Warum? Weil seine Eltern böse waren, weil seine Eltern Schuld auf sich geladen haben. Du pfuscht Gott ins Handwerk, was fällt dir eigentlich ein!«

Jesus antwortete: »Dieser Mann ist nicht blind geboren worden, weil seine Eltern böse waren, sondern damit das Wirken Gottes sichtbar werde an ihm.«

Ungeheure Arroganz!

Die Abgesandten des Hohen Rates schrien: »Was, du! Du bildest dir ein, du seist derjenige, der das Wirken Gottes sichtbar macht?«

Jesus sagte: »Ja, der bin ich.«

Aber dann ließ Jesus ein Wunder geschehen, das Entrüstung und ekstatische Bewunderung zugleich hervorrief.

Jesus befreundete sich in seiner Kindheit mit einem Mann namens Lazarus, ein ganzes Leben lang hielt diese Freundschaft.

Eines Tages kamen die beiden Schwestern des Lazarus zu Jesus und sagten: »Dein Freund, dein Freund aus Kindertagen, dein Jugendfreund, er liegt im Sterben, und er hat uns geschickt, wir sollen dich bitten, du sollst kommen, weil er überzeugt ist, wenn du kommst, wenn du deine Hand auf seine Stirn legst, wird er gesund werden. Wenn du es kannst, dann tu es! Rette sein Leben! Du hast so oft schon Menschen geheilt, tu es bei deinem Freund!«

Zum Erstaunen des Thomas und auch der anderen Jünger bricht Jesus nicht sofort auf.

Jesus sagt zu Martha und Maria, so heißen die beiden Schwestern des Lazarus: »Ja, ich werde kommen, sagt ihm, ich werde kommen.«

»Wann?« fragen sie.

»Ich werde kommen«, sagt er.

»Er wird nicht mehr lange leben«, drängen sie, »und es ist ein weiter Weg.«

»Ich werde kommen, wann ich es für richtig halte«, sagt Jesus.

Und Martha und Maria machen sich auf den Heimweg, enttäuscht, schweren Herzens, hoffend, ihr Bruder lebt noch, wenn sie nach Hause kommen – ohne seinen Freund.

Die Jünger sind verunsichert. Sie packen ihre Sachen zusammen. Man wartet. Jesus sitzt im Sand, blickt vor sich nieder. Reagiert nicht. Wirkt geistesabwesend. Beinahe schläfrig. Betet er? Was denkt er? Nimmt er überhaupt wahr, was um ihn herum vorgeht? Einen halben Tag lang zieht sich das hin.

Am Abend endlich gibt Jesus Zeichen zum Aufbruch. Er geht voran, schreitet weit aus. Wohin geht er?

»Lazarus wohnt doch in der entgegengesetzten Richtung, im Osten«, sagt Andreas.

»Glaubst du, ich weiß nicht, wo mein Freund zu Hause ist?«

»Nein, das glaube ich nicht«, sagt Andreas. »Aber du gehst in die falsche Richtung.«

»Und du, du, Andreas, du kennst den richtigen Weg?«

Andreas ist verunsichert, er hält dem Blick Jesu nicht stand.

»Wir werden zu Lazarus gehen«, sagt Jesus, »aber erst gehen wir nach Westen.«

Man wagt es nicht, Jesus zu widersprechen. Thomas fragt doch.

Er fragt: »Gibt es einen bestimmten Grund, warum wir nicht sofort zu Lazarus gehen?«

Jesus sagt: »Kein Prophet ist willkommen in seinem Dorf. Kein Arzt kann die heilen, die ihn gut kennen.«

»Was bedeutet das?« fragt Thomas.

Jesus gibt ihm keine Antwort.

Zum ersten Mal bemerkt Thomas so etwas wie Unzufriedenheit bei den Jüngern. Sie können Jesus nicht verstehen. Was will er? Was gibt es im Augenblick Wichtigeres, als das Leben seines Freundes Lazarus zu retten? Jesus geht vor ihnen her. Er dreht sich nicht nach ihnen um. Der Abstand zu ihm wird größer. Es sieht so aus, als kümmere es ihn nicht, ob sie ihm folgen oder zurückbleiben.

Aber die Jünger folgen ihm nach.

»Was denkst du darüber?« fragt Thomas den Judas Iskariot.

»Ich? Ich denke, was du denkst«, sagt der. »Nämlich: Wer bin ich, daß ich über die Gedanken dieses Mannes urteilen kann.«

Ein Tag vergeht, ein zweiter Tag vergeht, ein dritter, ein vierter Tag vergeht. Jesus schreitet voran, die Jünger laufen hinter ihm her. Jesus wechselt immer wieder die Richtung, die Jünger kennen sich nicht aus, sie haben es aufgegeben, Fragen zu stellen, sie haben es aufgegeben, sich über seine Motive den Kopf zu zerbrechen.

Schließlich bleibt Jesus stehen. Er sagt: »Wir wollen zu Lazarus gehen.«

Die Jünger blicken sich an. Verstehen wieder nicht. Wie sollten sie auch verstehen, daß Jesus ohne jeden Grund vier

Tage verstreichen ließ, bevor er sich auf den Weg zu seinem Freund machte, der in Lebensgefahr war? Wer kann so etwas verstehen? Wer will so etwas verstehen!

Als sie schließlich im Haus des Lazarus ankommen, sitzt da Martha tränenüberströmt und sagt, mit Bitterkeit in der Stimme sagt sie: »Wärest du doch gleich gekommen. Jetzt ist er gestorben. Wir haben ihn begraben, schon vier Tage ist er tot. Er hat so gehofft, bis zur letzten Minute seines Lebens hat er gehofft, du würdest kommen. Er hat so fest an dich geglaubt, war so voll Vertrauen. Warum bist du nicht gekommen? Jetzt ist er tot.«

Und Thomas hört, wie Jesus sagt: »Er wird auferstehen!«

»Ja, ja, ja«, sagt Martha, »ja, ja, ja, wir alle werden auferstehen. Am Jüngsten Tag werden wir alle auferstehen.«

»Nein«, sagt Jesus, »sei doch nicht so ungläubig. Er wird jetzt auferstehen. Führe mich zum Grab deines Bruders.«

Sie alle ziehen zum Grab des Lazarus. Der Stein wird beiseite gerollt. Jesus steht vor dem Grab und ruft den Lazarus.

»Komm heraus, Lazarus, Freund«, ruft er.

Thomas denkt bei sich: Jetzt geht er zu weit. Was will er uns hier zeigen? Man kann Kranke heilen, man kann Blinde wieder sehend machen, Lahme wieder gehend machen, man kann vielleicht Dämonen austreiben, und man kann jemandem die Seele heil machen. Für all diese Wunder ist vielleicht einmal eine Erklärung möglich, er weiß Dinge, die wir nicht wissen, er verfügt über Wissen, und Wissen ist keine Zauberei. Aber Tote aufwecken? Leben ist ein Zustand, der Tod ein anderer, das Leben kann zum

Tod werden, aber niemals der Tod zum Leben. Und weiter geht dem Thomas durch den Kopf: Was soll da geschehen? Wie soll dieser Mensch, wenn er tatsächlich aus dem Tod zurück ins Leben geholt wird, wie soll er je weiterleben können, Lazarus? Wie können die Freunde, die Verwandten mit ihm je weiterleben? Wer will das? Wir trauern um die Toten, aber wollen wir, daß sie zurückkommen? Warum legt man Steine auf die Gräber? Doch nur, damit die Toten bleiben, wo sie sind, auch wenn man sie noch so sehr geliebt hat.

Und Jesus ruft noch einmal: »Lazarus, komm heraus!«

Da kommt Lazarus heraus aus seinem Grab. Die Leichentücher hat er noch um seinen Körper gewickelt, um seine Arme gewickelt, um den Kopf gewickelt, so kommt er heraus.

Jesus hat einen Toten zum Leben erweckt, und das war nun etwas Ungeheuerliches.

## Die Lage verschärft sich

Die Kunde von der Erweckung des Toten verbreitete sich rasend schnell im ganzen Land. Die Leute waren der Überzeugung, er ist da, der Messias ist da, dieser Jesus von Nazareth ist der Messias.

Diskussion im Hohen Rat.

Kaiphas fragt: »Sie halten ihn für den Messias?«

Antwort: »Ja, die Menschen halten Jesus für den Messias.«

Kaiphas: »Und wir, wir, die wir dem heiligen Sanhedrin angehören, halten auch wir ihn für den Messias?«

Antwort: »Wir wissen es nicht.«

Kaiphas: »Wir wissen es also nicht. Viele Prüfungen wären möglich, um herauszufinden, ob der Nazarener tatsächlich der Messias ist. Habe ich recht?«

Antwort: »Du hast recht.«

Kaiphas: »Leider haben wir nicht die Zeit, um herauszukriegen, ob er der Messias ist. Soll ich euch sagen, warum nicht?«

»Sag es uns!«

»Weil die Römer sich nicht soviel Mühe machen werden wie wir. Pontius Pilatus wird sich die Sache erst gar nicht ansehen. Er wird sich nur eine einzige Frage stellen. Soll ich euch sagen, welche Frage er sich stellen wird?«

»Sag es uns!«

»Pontius Pilatus wird sich fragen: Was soll das überhaupt sein, ein Messias? Man wird ihm antworten: Der Erlöser. Er wird fragen: Wovon wollen die denn erlöst werden? Man wird ihm sagen: Von uns, den Römern. Aha, wird Pontius Pilatus ausrufen. Aha! Der Messias ist also so einer wie der Barabbas, nur noch ein viel radikalerer. Und wißt ihr, was die Ratgeber des Pontius Pilatus machen werden?«

»Sag es uns, Kaiphas!«

»Sie werden nicken. Und das wird genügen. Wenn dieser Jesus nur ein einziges politisches Wörtchen sagt, dann werden die Römer ein Massaker anrichten, sie werden den Tempel zerstören, sie werden die Menschen töten.«

So redete Kaiphas, der Hohepriester, und daß er nicht ganz unrecht hatte, bewies die Tatsache, daß die Römer ihre Truppen in Alarmbereitschaft hielten, seit sich die

Leute diese haarsträubende Geschichte von der Auferstehung eines Toten erzählten. Hausdurchsuchungen führten die Römer durch. Jüdische Männer wurden grundlos von der Straße weg verhaftet. Manche kamen gleich wieder frei, andere wurden in den Kerker geworfen.

Und dann wurden die beiden Stellvertreter des Barabbas, Dysmas und Gestas, verhaftet. Und das bedeutete: Die politische Fraktion der messianischen Bewegung war nun ohne jede Führung, sie war zerstört. Dysmas und Gestas würden hingerichtet werden, daran zweifelte niemand, Pontius Pilatus würde befehlen, sie zu kreuzigen.

»Seht ihr«, sagte Kaiphas zu den Mitgliedern des Hohen Rates, »seht ihr, wie sich die Lage in unserem Land verschärft hat, oder seht ihr es nicht?«

Ja, die Lage hatte sich verschärft, da hatte Kaiphas wieder recht. Die Menschen waren in Aufruhr. Der Haß gegen die Römer und ihre Vasallen hatte eine Intensität angenommen, die schon selbstmörderisch war.

Noch etwas war nämlich geschehen. Darüber wurde im Hohen Rat nicht gesprochen. Die Sache war zu ungeheuerlich. Vielleicht hatte der eine oder andere auch ein schlechtes Gewissen.

Johannes der Täufer war ermordet worden.

Der Anführer der geistigen messianischen Bewegung war von König Herodes Antipas ermordet worden! Die Menschen hatten den Täufer geliebt! Niemand hätte auch nur im Traum daran gedacht, daß Herodes Antipas diesem heiligen Mann ein Leid antun würde. Manche waren sogar der Überzeugung, für Johannes sei es zur Zeit besser, im Kerker des Herodes zu sitzen, da sei er wenigstens vor der römischen Faust sicher. Und nun war der Täufer tot! Ja, so manch einen im Hohen Rat plagte das schlechte Gewissen. Denn mit diesem Marionettenkönig hatte der Sanhedrin in all den Jahren ein opportunistisches Einvernehmen gehalten.

Wir befinden uns in einem erzählsüchtigen Land. Gleich nachdem bekannt wurde, daß Johannes der Täufer ermordet worden war, begannen sich die Legenden zu spinnen. Ehe ich in unserer Geschichte fortfahre, möchte ich für eine kurze Weile diesen Faden aufnehmen.

## Der Tod des Täufers

Es hieß, Herodes Antipas habe ein großes Fest gegeben, er sei schon betrunken gewesen, da habe Salome, die Tochter der Herodias, mit der der König zusammenlebte, zu tanzen begonnen. Salome war vierzehn Jahre alt, geschmeidig, schön.

Sie tanzte, und Herodes war so begeistert von diesem Tanz, daß er sagte: »Komm her, Mädchen, komm zu mir! Du kannst dir wünschen, was du willst. Ich habe nie jemanden so schön tanzen sehen. Wünsch dir, was du willst, ich werde dir jeden Wunsch erfüllen!«

Und Salome, so hieß es, diese arrogante, unreife Göre, sei zu ihrer Mutter gegangen und habe gesagt: »Was soll ich mir wünschen? Ich weiß nicht, was ich mir wünschen soll.«

Und Herodias, die so oft von Johannes dem Täufer gedemütigt und beschimpft worden war, sie sah nun eine Gelegenheit, sich zu rächen.

Sie sagte: »Wünsch dir das Haupt des Johannes!«

Und Salome, diese kleine Göre, so hieß es, die unreife, ging hin zu Herodes Antipas, dem Besoffenen, und sagte: »Ich wünsche mir das Haupt des Johannes.«

Dieser Herodes Antipas, der war vielleicht ein primitiver, ein dummer Mann, ein Lüstling sicher und korrupt, aber er war kein bis auf den letzten Grund verdorbener Mensch. Es hieß sogar, er habe sich auf eine gewisse Art und Weise mit dem Täufer angefreundet, er habe ihn bisweilen im Kerker besucht, habe mit ihm gesprochen, an die Gitterstäbe gelehnt, und mit ihm philosophiert.

Herodes Antipas sei entsetzt gewesen: »Überleg dir diesen Wunsch noch einmal!« sagte er. »Denk noch einmal nach, Salome!«

»Nein, das will ich!«

Der König hatte sein Wort gegeben, und nun gab er seinen Befehl. Johannes der Täufer wurde enthauptet.

Der Scharfrichter, so wurde erzählt, habe das Haupt des Täufers auf einem silbernen Tablett in den Saal gebracht. Und Herodias, die Anstifterin, habe sich über das Haupt gebeugt, sie wollte ihrem Feind ein letztes Mal direkt in die Augen sehen, und da habe sich der Mund des Täufers, aus dem so viel Schimpf auf Herodias gekommen war, noch einmal geöffnet, ein letzter Atem sei aus dem Mund entwichen, und dieser Atem sei wie ein Orkan gewesen, und er habe Herodias erfaßt und hinaus in den kalten, leeren Himmel geworfen.

Salome aber habe erneut zu tanzen begonnen, und das, obwohl sie gar nicht tanzen wollte, sie mußte tanzen, konnte nicht mehr aufhören zu tanzen. Aus dem Saal hinaus sei sie getanzt, durch die Stadt sei sie getanzt, habe die Stadt tanzend verlassen, das Land tanzend verlassen.

Die Legende berichtet, Salome sei bis in den hohen Norden hinauf getragen worden von ihrem Tanz, dorthin, wo die Seen und die Flüsse mit einer Eisschicht bedeckt sind. Auf einem zugefrorenen See tanzte sie, drehte sich auf der Stelle, bis das Eis brach. Sie sank hinab in das Wasser, und die scharfen Ränder des Eises trennten ihr den Kopf vom Körper.

So die Legende ...

## Die Politischen

Die beiden Hauptströmungen der messianischen Bewegungen, die geistige und die politische, waren zerstört, und nun konzentrierten sich alle Hoffnungen auf Jesus.

Werfen wir einen Blick auf die Politischen. Da gab es welche, die sagten: »Natürlich, dieser Jesus von Nazareth, das ist unser neuer Anführer!« Da gab es andere, die sagten: »Was, der? Der hat noch kein einziges politisches Wort gegen die Römer gesagt, ganz im Gegenteil! Als er gefragt wurde, ob wir Steuern zahlen sollen, hat er gesagt: Gebt Gott, was Gottes ist, und gebt dem Kaiser, was des Kaisers ist. Das heißt doch, er meint, wir sollen unsere eigene Unterdrückung finanzieren. Das kann doch niemals unser neuer politischer Führer sein!« Die anderen sagten: »O doch, o doch! Er sagt nur nichts gegen den Kaiser, weil er klüger ist als seine Vorgänger! Wenn er ein Wort sagt, wird er doch sofort verhaftet wie Barabbas, wie Dysmas, wie Gestas. Was nützt uns ein Führer im Kerker?

Aber seine Taten beweisen uns doch, daß er einer von uns ist.«

So haben die Politischen diskutiert.

Guerillabewegungen entwickeln sich vorhersehbar. Die ersten Aktionen sind politischer Natur, dann werden sie immer mehr zu kriminellen Taten, Geld muß beschafft werden. Der Untergrund ist teuer, da müssen Bestechungsgelder bezahlt werden, da müssen Wohnungen organisiert werden. Die Männer und Frauen, die im Untergrund tätig sind, üben ja ihren Beruf nicht mehr aus, also müssen sie das Nötige von irgendwo anders hernehmen. Daran hat sich bis heute nichts geändert.

Auch die Freiheitskämpfer des Barabbas haben nach einiger Zeit Bauern überfallen, um sich ihren Lebensunterhalt zu sichern. Die Folge war, daß sie die Sympathien, die sie anfangs sicher überall genossen haben, allmählich verloren.

Und jetzt sagen die Politischen: »Dieser Jesus von Nazareth, der hat uns doch vorgeführt, was für ein Anführer er sein könnte. Wir brauchen uns keine Sorge mehr zu machen, wie wir uns im Untergrund ernähren sollen. Er macht mit fünf Broten und zwei Fischen fünftausend Leute satt!«

Auch die Politischen glaubten an heilige Wunder. Wie gesagt: Politik und Religion wurden nicht voneinander getrennt, sie bildeten eine Einheit, innerhalb derer vielleicht verschieden gewichtet wurde.

Weiter argumentierten die Politischen: »Sollte es zum offenen Kampf gegen die Römer kommen – seien wir doch ehrlich, wir sind den Römern unterlegen, sie verfügen über die größte Streitmacht der Welt –, dann werden viele von uns verwundet werden. Was hat uns Jesus von Nazareth gezeigt? Er kann Verwundete heilen! Es werden viele getötet werden. Was hat er uns gezeigt? Er kann die Toten wieder zurückrufen ins Leben! Mit ihm als Anführer werden wir auch das starke Rom besiegen können!«

So die Politischen.

FÜNFTES KAPITEL

Die Passion

## Auf nach Jerusalem!

Das Passahfest stand bevor, das Osterfest. Zum Passahfest wurden in Jerusalem bis zu zweihunderttausend, manche Historiker sprechen von bis zu dreihunderttausend Menschen erwartet. Die Römer zogen Soldaten zusammen, Pontius Pilatus forderte aus Syrien Verstärkung an. Drei Fragen beherrschten die römische Verwaltung ebenso wie den Sanhedrin. Wird Jesus zum Passahfest nach Jerusalem kommen? Wird er zu den Menschen sprechen? Was wird dann geschehen?

Wieder besuchten die beiden Jünger der Nacht, Nikodemus und Josef von Arimatäa, Jesus.

Sie sagten: »Bleib fern von Jerusalem! Geh nicht zum Passahfest in die Stadt! Die Situation ist zu gefährlich. Alle warten auf ein Wort von dir. Die einen auf ein richtiges Wort, die anderen auf ein falsches Wort.«

Die beiden erzählten von den Diskussionen im Hohen Rat. Und sie haben Jesus mitgeteilt, was das letzte Wort des Kaiphas gewesen war: »Besser einer stirbt als ein ganzes Volk!«

Nikodemus und Josef von Arimatäa berichteten Jesus, daß es innerhalb des Sanhedrin Stimmen gebe, die verlangten, man solle Jesus verhaften und ihn, wenn nötig, freiwillig, präventiv den Römern ausliefern.

»Zieh dich eine Weile aus der Öffentlichkeit zurück!« riet Nikodemus.

»Ich werde für dich und die Deinen sorgen«, versprach Josef von Arimatäa.

Da war es Thomas, dieser sonst so rationale Mensch, dem alle lauten Gefühlsäußerungen so fremd waren, der Zauderer, der es gewohnt war, erst jedes Für und Wider abzuwägen, bevor er sich zu etwas entschloß – er war es, der sich erhob und mit starker Stimme sprach: »Nein, wir gehen nach Jerusalem! Wir alle! Und wenn gegen Jesus die Hand erhoben wird, dann werden wir eben mit ihm sterben!«

Alle blickten auf Jesus.

»Jeder Prophet stirbt in Jerusalem«, sagte er.

Und wieder wußte niemand, was das bedeuten sollte, was er damit meinte. Daß es ausgerechnet der zurückhaltende Thomas gewesen war, der als erster die Warnungen der Nachtjünger zurückgewiesen hatte, das spornte die anderen an.

»Wir ziehen nach Jerusalem«, riefen sie. »Jesus soll dort zu den Menschen sprechen! Und er soll den einen richtige Worte und den anderen falsche Worte sagen!«

Die Jünger um Jesus waren einfache Leute, es waren Fischer – Simon Petrus, ein rauher, aufbrausender, aber doch liebevoller, naiver Charakter; oder Jakobus, dieser sanfte Mann, der niemals eine Frage stellte, der alles tat, was Jesus anordnete; oder Andreas, der Schüchterne, der immer zuerst den anderen in die Augen sah, bevor er redete; oder der jüngste, der charmanteste von allen, Johannes, noch keine siebzehn Jahre alt, Jesu Liebling.

Sie alle schlossen sich Jesus an. Und mit ihnen auch Thomas und Judas Iskariot.

Thomas merkte aber, Jesus war stiller geworden, noch zurückhaltender als sonst, noch geistesabwesender wirkte er, und er sah darin Zeichen von Angst. Das beeindruckte ihn, das verunsicherte ihn auch, und das rührte ihn. Zum ersten Mal zeigte Jesus Schwäche. Ja, das beeindruckte den Thomas. Er sprach darüber mit seinem Freund Judas Iskariot.

»Was beeindruckt dich daran?« fragte Judas.

»Er reagiert wie … wie … wie ich reagieren würde«, sagte Thomas.

»Was soll das heißen?«

»Ich hätte Angst. Ich, ja.«

»Wir alle hätten Angst, wenn wir an seiner Stelle wären«, sagte Judas.

»Wir sind nicht an seiner Stelle, nein, wie könnten wir auch«, sagte Thomas. »Aber wir sind mit ihm.«

Darauf antwortete Judas nicht.

»Wirst du nicht mit ihm nach Jerusalem gehen?« fragte Thomas.

»Was bleibt mir denn anderes übrig«, sagte Judas. »Natürlich werde ich.«

»Niemand zwingt dich. Er hat nie etwas von uns verlangt.«

»Was redest du denn da!« rief Judas. »Du schreibst auf, was er sagt, und vergißt, was er sagt? Er soll nie etwas von uns verlangt haben? Alles verlangt er von uns! Alles! Hat er nicht gesagt, wer nicht seinen Vater und seine Mutter hassen kann, der kann nicht sein Jünger sein? Und wer nicht seine Brüder und Schwestern hassen und nicht sein Kreuz tragen kann wie er, der sei seiner nicht wert? Hat er das gesagt?«

»Du redest in einem bitteren Ton«, sagte Thomas.

»Hat er das gesagt oder nicht?« insistierte Judas.

»Er hat es gesagt, ja. Und nun hat er Angst. Siehst du es denn nicht, Judas?«

»Wir alle haben Angst, wir haben ja gehört, was Nikodemus und Josef erzählt haben.«

»Was ist mit dir los, Judas? Du hast mich zu Jesus geführt. Und du hast mir damit das Leben gerettet ...«

»Das Leben gerettet«, unterbrach ihn Judas. »Hättest du Blut gespuckt, wenn du ihm nicht begegnet wärst? Oder wärst du vom Gerüst gefallen?«

»Meine Seele war krank«, sagte Thomas. »Und hat er uns nicht auch gelehrt, daß die Seele das Leben ist? ›Ein Mensch des Lichts hat in seinem Inneren ein Licht, und es erleuchtet die ganze Welt.‹ Auch das hat er gesagt.«

»Und hat weiter gesagt«, ergänzte Judas. »›Wenn es nicht leuchtet, ist Finsternis.‹«

»Ja«, sagte Thomas, »ich habe es niedergeschrieben.«

»Und weißt du vielleicht auch, was es bedeutet? Ich weiß es nämlich nicht. Was ist aus dir geworden, Thomas? Hättest du früher geglaubt, was du nicht verstehst?«

»Du redest heute so zu mir, wie ich zu dir geredet habe, als wir zu den Ölbergen gewandert sind und ich dir von meinem Kummer erzählt habe.«

Judas wandte sich ab. »Reden! Nur reden!« sagte er leise wie zu sich selbst. »Immer nur reden!«

»Jesus würde mir meine Angst nehmen. So hast du zu mir gesprochen«, sagte Thomas.

Judas antwortete nicht.

»Ja«, sagte Thomas. »Und nun hat er Angst.«

»Was dachtest du denn?« sagte Judas. »Daß er etwa kein Mensch ist?«

Bevor sie in Jerusalem einzogen, sagte Jesus zu zwei seiner Jünger: »Geht in ein Dorf, dort werdet ihr eine Eselin finden, neben der Eselin wird ein Junges sein, ein Füllen dieser Eselin, nehmt dieses Junge. Wenn der Besitzer kommt und fragt, was ihr da macht, dann sagt, euer Herr habe es euch so befohlen, und ihr werdet das Füllen wieder zurückbringen.«

Die beiden Jünger gingen in das Dorf, fanden die Eselin, fanden das Füllen, nahmen das Füllen mit.

Auf dem Füllen ritt Jesus in Jerusalem ein.

»Warum tut er das? Warum?«

Thomas, der Gebildete, wußte die Antwort: »Er tut es, weil es in der Schrift steht. Bei Zacharias heißt es: ›Juble laut, Tochter Zion, jauchze, Tochter Jerusalem! Siehe, dein König kommt zu dir, er ist gerecht und hilft, er ist demütig und reitet auf einem Esel, auf einem Fohlen, auf einem Jungen einer Eselin.‹«

Thomas klärte die Jünger auf: »Jesus ist der Messias, er muß die Schrift erfüllen. Das ist ihm auferlegt.«

Dann sagte Jesus: »Einer von euch soll in die Stadt vorausgehen, er wird einem Mann begegnen, der einen Wasserkrug trägt. Diesem Mann soll er folgen, der wird ein Haus betreten, dort soll unser Jünger mit dem Hausbesitzer sprechen und soll sagen: Die Zeit ist gekommen, richte deinen schönsten Saal her, der Herr wird kommen, um dort bei dir das Passahfest zu feiern.«

Irgendein beliebiger Mann sollte für Jesus und seine Jünger das Passahfestmahl vorbereiten? Nikodemus hatte Jesus und seine Jünger eingeladen, sie sollten bei ihm in seinem Haus übernachten. Jesus hatte abgelehnt. Weil er fürchten mußte, dort würde man ihn finden? Womit rechnete er? Daß ein gedungener Mörder ausgeschickt würde? Wer sollte so einen Auftrag erteilen? Der Hohe Rat? Undenkbar! Einige Mitglieder des Hohen Rates? Vielleicht Kaiphas, der Hohepriester persönlich?

Die Römer würden zu solchen Heimlichkeiten nicht greifen.

Jesus hatte sich für einen abgelegenen Olivenhain entschieden, dort wollte er mit seinen Jüngern unter freiem Himmel übernachten. Eine Sicherheitsmaßnahme?

Menschenmassen drängten sich auf den Straßen und in den Gassen, als Jesus in Jerusalem einzog. Sie jubelten ihm zu wie einem Feldherrn. Wie einem Feldherrn, der die Römer aus dem Land gejagt hatte. Ein Feldherr, der auf einem Eselfüllen ritt? Die Römer waren da. Überall standen Soldaten. Schwer bewaffnet. Sie beobachteten die Szene. Unberechenbar, verrückt, gefährlich – so muß ihnen dieser Mann aus Nazareth vorgekommen sein.

## Das letzte Abendmahl

Im Haus eines fremden Mannes war der Tisch gedeckt worden. Dort wollte Jesus zusammen mit seinen Jüngern das Abendmahl vor dem Passahfest einnehmen. Jesus war noch ernster als sonst, er aß fast nichts, nur wenige Bissen, er trank fast nichts. Es herrschte keine fröhliche, keine festliche Stimmung. Die Jünger sprachen wenig, und wenn, dann flüsterten sie. Sie waren bedrückt. Was wird morgen geschehen? Wird Jesus zu den Menschen sprechen? Wie werden sich die Menschen verhalten? Wie werden sich die römischen Soldaten verhalten? Welche Befehle waren ihnen gegeben?

Da erhob sich Jesus von der Tafel und beugte vor seinen

Jüngern das Knie. Er wusch ihnen die Füße. Eine Geste der Demut.

Petrus sprang auf. »Das will ich nicht!« rief er. »Das will ich nicht, unter gar keinen Umständen! Du willst mir die Füße waschen? Nein! Du bist mein Herr, ich bin dein Diener, ich sollte dir die Füße waschen.«

Jesus sagte: »Setz dich, Petrus! Wenn ich dir nicht diene, dann werde ich nicht bei dir sein, wenn ich sterbe.«

»Du wirst nicht sterben«, sagte Petrus.

»Deute an meinen Worten nicht herum«, sagte Jesus. »Ich will dir die Füße waschen, sonst werde ich nicht bei dir sein.«

»Wenn das so ist«, sagte Petrus, »dann wasch mir auch den Kopf!«

»Ich will tun, was ich tun will«, sagte Jesus. »Ich werde nicht mehr lange leben.«

Petrus wieder zurück: »Warum wirst du sterben? Wir werden mit dir sterben. Niemand soll dich anrühren! Wir werden uns vor dich stellen.«

Und zu dem sonst so tapferen, so mutigen, so starken Simon Petrus sagte Jesus: »Du? Was sagst du? Ihr werdet euch vor mich stellen? Du, ausgerechnet du, Petrus? Du wirst mich dreimal verleugnen. Dreimal wirst du behaupten, daß du mich gar nicht kennst, dreimal, noch bevor der Hahn kräht.«

Petrus rang die Hände: »Warum sagst du so etwas? Das kränkt mich. Warum sagst du vor den Freunden so etwas über mich?«

Jesus antwortete: »Weil es geschehen wird!«

Da sitzen sie nun, die zwölf, und alle sind angesteckt von dieser Niedergeschlagenheit, die von Jesus ausgeht. Jesus spricht zu seinen Jüngern. Und wieder verstehen sie ihn nicht. Daß er der Weg, die Wahrheit und das Leben sei, sagt er. Daß man zum Vater einzig über ihn komme.

»Hättet ihr mich erkannt, dann hättet ihr auch den Vater erkannt.«

Die Jünger sehen einander an, keiner versteht.

»Dabei habt ihr ihn doch schon kennengelernt und gesehen.«

»Herr«, sagt Philippus, der ein Fischer ist und durch Petrus zu Jesus geführt worden war, »Herr, zeig uns den Vater, das wird uns schon genügen.«

Jesus stützt sein Gesicht in die Hände. Er atmet schwer. Er hat Angst. Jeder kann das sehen.

»So lange Zeit bin ich schon bei euch«, sagt er, »und du hast nicht gemerkt, wer ich bin, Philippus? Wer mich gesehen hat, hat den Vater gesehen. Wie kannst du dann sagen: Zeige uns den Vater! Glaubst du nicht, daß ich mit dem Vater eins bin und der Vater mit mir? Was ich sage, das sage ich nicht aus eigenem Antrieb, sondern der Vater, der mit mir eins ist, handelt durch mich auf diese Weise. Ihr müßt mir glauben, wenn ich sage, daß ich eins bin mit dem Vater und der Vater mit mir. Wenn ihr meinen Worten nicht glauben könnt, dann glaubt wenigstens meinen Taten!«

In solchen Situationen war es immer Thomas gewesen, der nachgefragt hat. Und oft war den Jüngern erst durch sein Fragen klargeworden, daß sie etwas nicht verstanden und was sie nicht verstanden hatten. Heute abend ist alles anders. Heute abend kann sich Thomas nicht konzentrieren. Seine Aufmerksamkeit ist nicht auf Jesus gerichtet, sondern auf Judas.

Aber auch Judas hört nicht auf die Worte Jesu. Er starrt vor sich hin, den Kopf in den Nacken gelegt, den Unterkiefer schiebt er hin und her. Thomas kennt diesen Gesichtsausdruck bei seinem Freund. Aber er hat ihn nie zu deuten gewußt.

Am Ende sagt Jesus: »Ich werde bald sterben. Man wird mich töten. Und einer von euch wird mich an meine Mörder verraten.«

Die Jünger sind fassungslos. Wer von ihnen sollte so etwas tun!

»Ich habe mit ihm aus derselben Schüssel gegessen, und ich habe mit ihm aus demselben Becher getrunken«, sagt Jesus.

Aber Jesus hat doch mit jedem von ihnen aus derselben Schüssel gegessen, und er hat mit jedem von ihnen aus demselben Becher getrunken.

»Wer ist es?« fragt Johannes, der jüngste, der seinen Kopf an Jesu Schulter gelegt hat. »Sag es uns!«

Jesus erhebt sich abermals. Er neigt sich jedem einzelnen entgegen, und jedem flüstert er ein Wort ins Ohr. Thomas sitzt neben Judas, und Thomas hört, was Jesus zu Judas Iskariot sagt.

Jesus sagt zu Judas: »Was du tun willst, tu bald!«

## Am Ölberg

Dann machen sich Jesus und seine Jünger auf den Weg zu ihrem Lager. Sie wollen die Nacht draußen im Freien verbringen. Durch die Hinterhöfe der Stadt schleichen sie, eilen durch enge, abgelegene Gassen, bis sie den Ölberg erreichen, wo sie sich ins Gras legen.

Nicht alle Jünger sind Jesus gefolgt. Judas ist nicht mehr dabei. Jesus wendet sich noch einmal an seine Jünger.

Er sagt nur: »Ich habe Angst.«

»Was können wir tun?« fragen sie.

»Wacht mit mir«, sagt er. »Ich werde zum Vater beten, daß dieser Kelch an mir vorübergeht, daß nicht geschehen soll, was geschehen wird. Schlaft nicht ein, wacht mit mir!«

Aber der Schlaf kommt, und der Schlaf ist stärker als sie, und die Jünger können nicht wach bleiben. Auch Thomas kann nicht wach bleiben.

Mitten in der Nacht weckt Jesus seine Freunde und sagt: »Ich habe Angst, und ihr schlaft? Ihr könnt nicht einmal eine Nacht mit mir wachen?«

Sie schämen sich, versprechen ihm, wach zu bleiben, versuchen, wach zu bleiben. Aber der Schlaf kommt, und der Schlaf ist stärker als sie, und sie können nicht wach bleiben.

Und dann, es ist schon weit nach Mitternacht, ertönt Lärm, Fackelschein bewegt sich auf das Lager zu. Thomas schreckt auf, und er sieht, Soldaten betreten den Garten, und sie werden angeführt von einem Mann: Judas Iskariot.

Thomas sieht Jesus inmitten der Fackeln stehen, und er sieht, wie Judas auf Jesus zugeht, wie er Jesus umarmt und ihn auf die Wange küßt. Gerade so – das hat ihm Judas damals bei ihrem Spaziergang erzählt –, genau so hat ihn Jesus umarmt und ihn auf die Wange geküßt, und so hat Jesus seine Seele geheilt.

Judas wendet sich an die Soldaten: »Der ist es!«

Dann dreht er sich um und geht davon. Beginnt zu laufen. Ist in der Nacht verschwunden, ehe einer der Jünger ein Wort gefunden hat.

Die Soldaten fragen: »Bist du Jesus von Nazareth?«

Jesus sagt: »Ja, ich bin es. Nehmt mich mit, aber laßt die anderen in Frieden!«

Die Soldaten wollen Jesus Fesseln anlegen. Petrus reißt sein Schwert aus dem Gürtel und geht auf die Soldaten los, trifft einen der Männer am Helm, das Schwert rutscht ab, die Klinge trennt dem Soldaten ein Ohr ab. Wir kennen den Namen des Soldaten, Malchus heißt er.

Jesus hält Petrus zurück, er sagt: »Wer das Schwert ergreift, wird durch das Schwert umkommen.«

Er hebt das Ohr auf, legt es dem Malchus an den Kopf, und das Ohr wächst wieder fest. Die Jünger werden später erzählen, sie haben es mit eigenen Augen gesehen.

Die Soldaten führen Jesus aus dem Garten.

Die Jünger sind nun allein, erschreckt, entsetzt, verwirrt, und sie laufen davon, und sie haben Angst.

## Was Petrus dem Thomas erzählt

Thomas läuft in die Stadt, schlägt die Tür seines Hauses hinter sich zu, panisch. Das Haus hat er seit Wochen nicht mehr betreten. Er hatte ja wie die anderen auch die Nächte zusammen mit Jesus im Freien verbracht. Nun versteckt er sich in seinem Haus, und er bleibt dort lange Tage, vergräbt sich in seinem Bett. Die alte Verzweiflung packt ihn, und es ist, als wäre seine Seele nicht geheilt worden. Er ißt nicht. Er trinkt das abgestandene Wasser aus dem Krug.

Pumpt sich kein neues im Hof. Es klopft an seine Tür. Er öffnet nicht. Wenn er Stimmen hört, hält er sich die Ohren zu.

Er hat gesehen, wie der Mann, den er für den Messias gehalten hat, von dem er geglaubt hat, er sei so mächtig, daß nichts Irdisches ihm etwas anhaben kann, er hat gesehen, wie Jesus von einem kleinen Trupp Soldaten verhaftet wurde. Und Jesus hat sich nicht gewehrt. Nicht einmal gewehrt! Nicht einmal verteidigt hat er sich. Nicht einmal gefragt hat er, was man ihm vorwirft, wer ihn angezeigt hat, wohin man ihn bringt. Nichts. Alle Hoffnung war dahin.

Und Thomas hat gesehen, daß Judas, sein Freund, all diese Hoffnungen mit einem Kuß, einem zynischen Kuß hingemacht hat. Kein schlechterer Mensch ist je geboren worden. Hätte ihn seine Mutter doch bei der Geburt getötet! Der Traum der Cyborea ist ein prophetischer Traum gewesen. Denkt Thomas. Hätte das Meer das Neugeborene doch verschlungen! Ein Verräter, der schlimmste Verräter. Ich war mit einem Verräter befreundet! Und Jesus hat sich nicht gegen ihn gewehrt!

Erst nach vier Tagen traut sich Thomas auf die Straße. Was ist aus Jesus geworden? Thomas senkt den Kopf, wenn ihm auf der Straße Menschen entgegenkommen. Kann man in ihren Gesichtern lesen, was aus Jesus geworden ist? Wissen diese Menschen überhaupt, was geschehen ist? Vielleicht ist ja gar nichts geschehen. Vielleicht ist Jesus freigelassen worden, womöglich noch in derselben Nacht. Oder er hat sich doch noch gewehrt. Hat vielleicht ein Wunder gemacht, eines für sich selber diesmal. Warum denn nicht? Wer sollte ihm das verübeln?

Thomas sucht den Petrus. Er findet ihn, allein, wie er am Wegrand sitzt, weinend, ein gebrochener Mann.

»Was ist geschehen?« fragt Thomas »Erzähl es mir!«

Petrus sagt: »Du weißt es nicht? Du weißt nicht, daß er tot ist? Er ist getötet worden. Man hat ihn ans Kreuz geschlagen. Und du weißt es nicht?«

Da bricht für Thomas die Welt entzwei, und alles, was war, sieht anders aus, und was kommen wird, heißt nicht mehr Hoffnung.

Petrus erzählt.

»Als ihr geflohen seid, als ihr aus dem Garten geflohen seid, ich bin auch geflohen, ich hatte Angst, natürlich haben wir alle Angst gehabt vor den Soldaten, aber dann bin ich zurückgekommen. Ich gebe zu, ich selbst wäre nicht gekommen, aber der Johannes, der kleine, der mutige, der weiche Bursche, den ich nie besonders gemocht habe, jetzt mag ich ihn besonders, der hat zu mir gesagt: Komm, Petrus, komm, Simon, wir können ihn nicht allein lassen, komm! Und ich bin zusammen mit dem Johannes den Soldaten gefolgt.«

»Wohin haben sie Jesus gebracht?« fragt Thomas.

»Sie haben Jesus vor den Hohen Rat gebracht, zum Palast von Kaiphas haben sie ihn geführt. Johannes, der ist ohne Furcht, der ist wirklich ohne Furcht, und er hat sich doch früher immer gefürchtet, er hat sich doch sogar gefürchtet, wenn man ihn ins Wasser geworfen hat, er kann nämlich nicht schwimmen. Jetzt fürchtete er sich vor nichts mehr, der Johannes. Er ist hineingegangen in den Hof des Palastes, wo die Soldaten saßen, dort haben sie ihr Feuer gemacht. Und ich muß ganz ehrlich sagen, ich bin draußen am Tor stehengeblieben. Ich gebe zu, ich habe Angst gehabt, ich habe nicht sterben wollen. Dann stand ich, es war noch dunkel, stand ich da am Tor, ich wußte nicht, was mit Jesus geschehen wird.«

»Was«, drängt Thomas, »was ist geschehen? Was!«

»Da kam eben diese Frau«, setzt Petrus seine Geschichte fort, »und die sagte: He du, dich kenne ich doch, du gehörst doch auch zu denen, zu denen um den Jesus, der gerade abgeführt worden ist. Ich kenne dich doch! Das sagte sie. Ich war außer mir vor Angst, verstehst du das, Thomas, ich habe zu der Frau gesagt: Ich doch nicht! Nein, nein, du verwechselst mich, ich gehöre nicht zu denen. Ich bin stehengeblieben am Tor, ich habe auf den Johannes gewartet, daß er wieder herauskommt und mir erzählt, was geschehen ist. Da kommt diese Frau noch einmal und sagt: Also, das verstehe ich überhaupt nicht. Warum stehst du denn hier herum, wenn du nicht zu dem gehörst? Komm doch herein, im Hof ist ein Feuer, du kannst dich wärmen. Dann bin ich mit dieser Frau mitgegangen, weil ich Angst hatte, und dann saß ich bei dem Feuer, wo die Soldaten saßen, neben ihnen, neben denen, die Jesus gefesselt hatten, saß ich, ich feiger Hund! Da sagte die Frau: Jetzt, wo ich dich genauer sehe, jetzt, wo der Schein des Feuers auf dein Gesicht fällt, ich erkenne dich, red doch nicht, du gehörst doch zu denen! Ich habe solche Angst gehabt, Thomas, ich habe wieder gesagt: Nein, nein, ich gehöre nicht zu dem! Da steht einer der Soldaten auf und sagt: Jetzt mach aber einen Punkt! Es ist noch keine zwei Stunden her, in dem Garten oben, wo wir ihn festgenommen haben, du warst doch derjenige, der das Schwert aus dem Gürtel gezogen hat. Du warst es doch! Natürlich gehörst du zu dem! Ich sage wieder: Nein! Nein! Und dann sage ich es. Dann sage ich diesen bösen Satz. Dann sage ich: Ich kenne diesen Menschen nicht!«

Petrus weint.

»Stell dir vor, Thomas«, schluchzt er, »in demselben Augenblick, als ich das gesagt habe, wird Jesus herausgeführt, er hat meine Worte gehört, und er sieht mich an. Das war der schrecklichste Augenblick meines Lebens. Er hat gehört, daß ich ihn verleugnet habe, er hat es mir ja vorausgesagt. Im selben Augenblick hat der Hahn gekräht, ich bin gegangen, und ich habe geweint. Ich habe ihn verraten!«

»Du hast ihn nicht verraten«, sagt Thomas, »du hast Angst gehabt.«

»Aber ich habe ihn verleugnet«, sagt Petrus.

»Er hat es verstehen können«, sagt Thomas. »Er hat es gewußt und hat dir verziehen, noch ehe du es getan hast. Aber erzähl! Was ist weiter geschehen? Was ist mit Jesus geschehen?«

»Das weiß ich nicht«, sagt Petrus. »Wenn du wissen willst, was weiter mit ihm geschehen ist, dann mußt du zu Josef von Arimatäa gehen, er gehört dem Hohen Rat an, er war Zeuge des Verhörs, das Kaiphas mit Jesus veranstaltet hat.«

»Der Hohepriester hat Jesus verhört?« fragt Thomas.

»Hat er, ja«, sagt Petrus.

»Mitten in der Nacht? In seinem Palast?«

»Ja, hat er. Und Pontius Pilatus hat ihn auch verhört.«

»Wer sagt das? Ebenfalls Josef von Arimatäa?«

»Ja. Er war auch Zeuge, als Pontius Pilatus ihn verhört hat.«

Da hat sich Thomas auf den Weg gemacht zu Josef von Arimatäa. Denn Thomas wollte nun genau wissen, was geschehen war.

## Was Josef von Arimatäa dem Thomas erzählt

Josef von Arimatäa sitzt in seinem reichen Haus, er ist ein wohlhabender Bürger. Er ist ein guter Mann. Er ist ein ängstlicher Mann. Er ist ein Mann, der von der Überzeugung lebt, daß alles in dieser Welt zwei Seiten hat. Er ist ein Mann, dem nichts vorzuwerfen ist, weil er es sich selber vorwirft, noch ehe ein anderer auch nur daran denkt. So einer ist Josef von Arimatäa.

Er sagt: »Ja, unser lieber Rabbi Jesus, er lebt nicht mehr. Er ist vorgeführt worden dem Hohen Rat, vorgeführt worden dem Kaiphas. Der hatte den Tod unseres Herrn beschlossen. Kaiphas hat Jesus verhört, er hat ihm Fragen gestellt, wollte ihn in Widersprüche verwickeln, aber Jesus hat keine Antwort gegeben, er stand nur da. Er hat sich nicht gewehrt. Er hat sich die ungeheuerlichsten Anschuldigungen angehört, er hat sich nicht gewehrt. Er hat sich die dümmsten Fragen angehört, und er hat nicht darauf geantwortet. Er stand da, wie ein hilfloses Lamm stand er da, hat sich verspotten lassen.

Aber Kaiphas und die Seinen konnten ihm nichts anhaben, weil das jüdische Gesetz niemanden zum Tode verurteilen darf. Deshalb haben sie Jesus zu Pontius Pilatus gebracht.

Es war früh am Morgen. Pontius Pilatus war nicht gut gelaunt, er wollte nicht behelligt werden.

›Was wollt ihr mit dem?‹ fragte er. ›Was ist mit dem? Was soll ich mit dem? Was habt ihr gegen den vorzubringen?‹

Kaiphas sagte: ›Er hat unser Gesetz gebrochen!‹

›Das interessiert mich nicht‹, sagte Pontius Pilatus, ›euer Gesetz ist ein religiöses Gesetz. In die religiösen Angelegenheiten mischen wir uns nicht ein. Hat er ein römisches Gesetz gebrochen?‹

›Das mußt du beurteilen‹, sagte Kaiphas.

Da konnte Pontius Pilatus nicht anders, er mußte Jesus verhören. Ich war dabei, Thomas.

Jesus hat ihm Antwort gegeben, aber er hat eine Frage meist mit einer Gegenfrage beantwortet. Das hat Pontius Pilatus verwirrt, er konnte ihm zwar keinen Verstoß gegen ein römisches Gesetz nachweisen, aber er sagte: ›Irgend etwas wird er schon verbrochen haben. Ich bestimme, er soll gegeißelt werden, dann soll er freigelassen werden!‹

Das war natürlich dem Kaiphas zuwenig, damit war er nicht einverstanden.

Aber Pontius Pilatus sagte: ›Habt ihr denn nicht verstanden, was ich gesagt habe? Rom spricht! Dieser Mann soll gegeißelt und dann freigelassen werden!‹

Oh, Thomas, die Geißelung! Hast du je einer Geißelung beigewohnt?«

Nein, Thomas hatte nie einer Geißelung beigewohnt. Er war Ingenieur, Baumeister. Nie in seinem Leben hatte er mit diesen Dingen zu tun gehabt. Er war Angestellter des römischen Statthalters gewesen. Er hatte zwar gewußt, daß mit Verbrechern nicht zimperlich umgegangen wird. Aber was heißt das, nicht zimperlich? Das hatte er sich nie gefragt.

Die Hälfte jener, die gegeißelt wurden, haben die Strafe nicht überlebt, sind entweder am Schock gestorben oder verblutet. Die Geißelung war eine grauenhafte Folter. Stäbe von einem guten halben Meter Länge: Am einen

Ende sind sieben Lederriemen befestigt, und an das Ende der Lederriemen sind scharfkantige Eisenstücke gebunden. Zwei kräftige Männer schlagen mit diesen Waffen auf einen nackten Menschen ein. Das ist die Geißelung.

Und das ist die Willkür des Pontius Pilatus: »Ich kann keine Schuld an diesem Menschen finden, aber irgend etwas wird schon sein. Also: Geißelt ihn!«

»Und gerade, als Pontius Pilatus das sagte«, erzählt Josef von Arimatäa weiter, »gerade in diesem Moment geschah etwas Verhängnisvolles. Es kam nämlich die Frau von Pontius Pilatus, Claudia Procula. Es war ja noch früher Morgen, sie kam im Nachtgewand.

Und sie sagte zu ihrem Mann: ›Tu das nicht! Ganz egal, was ist, laß diesen Mann in Frieden. Sprich über ihn kein Urteil. Ich habe von ihm geträumt, ich habe heute nacht geträumt, daß, wer über ihn ein Urteil spricht, verdammt sein wird.‹

Das sagte Claudia Procula zu Pontius Pilatus. Und wir alle, die wir im Haus des Statthalters waren, haben es gehört.«

»Und warum war das verhängnisvoll?« fragte Thomas den Josef von Arimatäa.

»Ach«, antwortete der, »das weiß doch jeder, daß die beiden sich hassen. Daß sich Pontius Pilatus gedemütigt fühlen mußte, wenn sie sich vor ihn hinstellt und ihm vor den Mitgliedern des Hohen Rates sagt, was er tun soll. Immer hatte der Mann Not, zu beweisen, ich bin ich, ich brauche nicht die Protektion meiner Frau.

Nachdem sie gesagt hat, man solle Jesus in Ruhe lassen, hat das den Pontius Pilatus erst richtig aufgestachelt, und er hat gesagt: ›Ah, was willst du hier? Geh du wieder zurück in dein Gemach!‹

Er hat sich an Kaiphas gewandt und gesagt: ›Was wollt ihr, daß man mit diesem Jesus macht?‹

›Er soll gekreuzigt werden!‹ sagte Kaiphas.

›Aber dafür habe ich doch keinen Grund‹, sagte Pontius Pilatus. Und dann dachte Pontius Pilatus, er wendet einen Trick an, da kann er sich aus dem Schlamassel herausziehen.

Er sagte: ›Hört zu! Es ist üblich, daß ich, der Statthalter von Rom, der hier in Jerusalem Stellvertreter des Kaisers Tiberius ist, daß wir jedes Jahr zur Zeit eures Passahfestes in einer Geste der Großzügigkeit einen eurer Gefangenen freilassen. Gut. Ihr könnt euch aussuchen, wen ihr wollt: Barabbas, den Mörder, den Aufständischen, der viele eurer Bauern überfallen hat, um seine Guerillabewegung am Leben zu erhalten, den alle fürchten, den alle hassen, ihr genauso wie wir, oder diesen Jesus, von dem ich nichts weiß.‹

Pontius Pilatus wird gedacht haben, man werde sich doch in diesem Fall für Jesus entscheiden.

Aber Kaiphas sagte: ›Wir wollen den Barabbas.‹

›Gut‹, sagte Pontius Pilatus, ›gut, dann soll, wenn ihr das so wollt, dann soll Jesus von Nazareth die Strafe des Barabbas tragen.' Und er fügte hinzu: 'Was aber nicht heißt, daß ich ihm meine Strafe erlasse.‹

Verstehst du, Thomas, was das heißt?« fragte Josef von Arimatäa.

»Was heißt das?« fragte Thomas. Sehr leise sprach er.

»Das heißt, Jesus bekam zwei Strafen. Die Geißelung und die Kreuzigung.«

Das erzählte Josef von Arimatäa dem Thomas.

»Jesus wurde hinausgeführt, den Soldaten übergeben. Die haben sich einen bösen Spaß mit ihm gemacht. Sie riefen: ›Es heißt, du seist der neue König, du seist der Messias. Ein König von Himmel und Erde!‹

Sie haben ihm ein altes, zerrissenes Tuch umgelegt, haben ihm ein Schilfrohr in die Hand gedrückt, haben ihm eine Krone aus Dornen geflochten und auf den Kopf gedrückt und haben gegrölt: ›Ein schöner König bist du! Ein schöner König bist du!‹

Dann haben sie ihn gegeißelt, haben ihn halb zu Tode geschlagen, blutüberströmt stürzte er zu Boden.«

»Und dann?« fragt Thomas. »Dann?«

»Dann haben sie ihn zur Kreuzigung geführt, man hat ihm ein Kreuz aufgeladen, das hat er schleppen sollen, hinauf zur Schädelstätte, zum Richtplatz, nach Golgatha.«

»Und dann?« fragt Thomas. »Und dann?«

»Mehr weiß ich nicht«, sagt Josef. »Ich konnte es mir nicht ansehen.«

»Ich möchte alles wissen«, sagt Thomas.

»Geh zu Johannes«, sagt Josef von Arimatäa. »Er war der Mutigste von euch allen. Von uns allen. Er ist nicht von der Seite seines Freundes und Herrn gewichen. Geh zu ihm, Thomas!«

## Was Johannes dem Thomas erzählt

»Willst du es wirklich wissen?« fragt Johannes.

»Ich will alles wissen.«

»Komm«, sagt Johannes, »komm mit mir! Geh mit mir! Ich werde dir den Weg zeigen, den Jesus gegangen ist.«

Johannes führt Thomas durch die Stadt, zeigt ihm alles.

»Hier«, sagt er, »an dieser Stelle hier ist Jesus zusammengebrochen. Dysmas und Gestas, die beiden anderen, die an diesem Tag gekreuzigt werden sollten, die Stellvertreter des Barabbas, sie waren nicht gegeißelt worden, sie sind nicht unter dem Kreuz zusammengebrochen, das sie trugen, aber Jesus schon, nach wenigen Schritten, hier.«

Sie gehen weiter.

»Hier«, sagt Johannes, »hier stand seine Mutter.«

Sie gehen weiter.

»Hier ist er zum zweiten Mal gefallen. Die Soldaten haben einen Mann aus dem Volk geholt, ich kenne ihn, das war Simon von Cyrene, er sollte Jesus ein Stück das Kreuz tragen.«

Dann zeigt Johannes auf ein Tor.

»Hier«, sagt er, »aus diesem Tor kam eine Frau, sie heißt Veronika, sie hat Jesus ein Tuch gereicht, damit er sich den Schweiß und das Blut vom Gesicht wischen konnte.«

Dann zeigt Johannes dem Thomas die Stelle, wo Jesus ein drittes Mal gefallen ist. So führt Johannes den Freund über den Kreuzweg hinauf nach Golgatha.

»Hier ist er gestorben.«

»Wie ist er gestorben?« fragt Thomas.

»Das weiß ich nicht«, sagt Johannes. »Ich weiß es nicht genau. Ich habe nicht zusehen können.«

Thomas sagt: »Wer aber war dabei von uns, wer von uns Zwölfen? Wer hat es gesehen? Genau gesehen?«

»Ich glaube, es war niemand von uns dabei«, sagt Johannes. »Wir alle haben ihn in seiner Todesstunde allein gelassen.«

»Ich will wissen, wie er gestorben ist«, sagt Thomas.
»Ich muß es wissen. Wer kann es mir sagen?«

»Es gibt einen römischen Soldaten«, sagt Johannes,
»Longinus heißt er, der ist angeblich bis zum Schluß hier
gewesen.«

»Dann gehen wir beide zu ihm«, sagt Thomas. »Gehen
wir gemeinsam zu Longinus, vielleicht kann er uns schil-
dern, wie Jesus gestorben ist.«

## Was Longinus dem Thomas und dem Johannes erzählt

»Ich bin einer von euch«, sagt Longinus. Ein Mann, vorge-
beugt, weil zu groß, was ihm ein Leben lang peinlich war,
er spricht mit zusammengekniffenen Augen. »Ich gehöre
zu euch.«

»Was soll das heißen?« fragt Thomas.

»Ich«, sagt Longinus, der Römer, der Soldat, »ich
glaube an Jesus.«

»Was glaubst du?« fragt Johannes.

»Daß er der Messias ist.«

»Du bist kein Jude«, sagt Thomas. »Was sollte der
Messias für einen wie dich bedeuten?«

»Ich weiß, er war der Sohn Gottes«, sagt Longinus.

»Ihr habt viele Götter in Rom«, sagt Thomas. »Der
Sohn wessen Gottes soll Jesus gewesen sein?«

»Des einen Gottes«, sagt Longinus.

»Das mußt du uns erklären«, sagt Thomas.

Johannes nimmt Thomas beiseite.

»Laß ihn«, sagt er. »Warum willst du diesen Mann in Verlegenheit bringen? Warum stellst du ein Verhör mit ihm an? Du benimmst dich wie Kaiphas, der Hohepriester. Dieser Mann hat Jesus sterben sehen, und er hat sich zu ihm bekehrt.«

Da schämt sich Thomas.

»Frag du ihn«, sagt er zu Johannes. »Ich will still sein und zuhören.«

»Longinus«, sagt Johannes, »erzähl uns!«

Da erzählt Longinus von den letzten Minuten Jesu auf dieser Welt.

»Sie waren zu dritt, Jesus in der Mitte, Dysmas und Gestas links und rechts von ihm. Dysmas und Gestas haben noch am Kreuz mit Jesus eine Debatte begonnen.

Gestas, der links von ihm hing, hat gesagt: ›Bis zum Schluß hast du gewartet, was? Jetzt willst du das große Wunder tun. Beeile dich! Es tut entsetzlich weh, hier am Kreuz zu hängen. Wir werden bald sterben. Jetzt mach dein Wunder, jetzt zeig, was du kannst! Du hast doch überall angegeben, du seist der Messias.‹

So hat Gestas noch von seinem Kreuz herunter Jesus beleidigt und beschimpft.

Und Dysmas? Der ist seinem Kumpan ins Wort gefallen: ›Sei still!‹ rief er. ›Dieser Mann hat nur Gutes getan. Er stirbt als ein Unschuldiger. Wir, wir waren Mörder, wir waren Plünderer. Laß ihn in Frieden!‹ Und ich«, erzählt Longinus, der römische Soldat, »ich war Zeuge dieses Gesprächs, ich habe gehört, wie Dysmas zu Jesus gesagt hat: ›Angenommen, das stimmt, was du gepredigt hast, angenommen, es stimmt, was über dich gesagt wird, daß du der Sohn Gottes bist, daß du nach deinem Tod ins Paradies eingehst. Wenn das wahr ist, und du stirbst jetzt bald, dann habe einen kleinen Gedanken an mich, wenn du im Paradies bist.‹

Da habe ich gehört«, erzählt Longinus mit zusammengekniffenen Augen, »daß Jesus gesagt hat: ›Du wirst noch heute mit mir im Paradies sein.‹

Ich bin Zeuge, ich habe das gehört. Und ich habe gehört, wie Jesus vom Kreuz zu seinem Gott gefleht hat. Dann habe ich gesehen, daß er gestorben ist. Ich war mir nicht ganz sicher, ob er tot ist, ich habe mir gedacht, er soll nicht lange leiden, ich habe eine Lanze genommen und habe ihm diese Lanze in die Brust gestochen.

Und wißt ihr«, sagt Longinus, »das war nicht das, was ich mir vorgestellt habe, als ich römischer Soldat wurde, daß ich eines Tages zum Tode Verurteilte auf die Richtstätte führen soll. Ich bin krank gewesen, ich habe ein Augenleiden gehabt, ich habe fast nichts mehr gesehen, und man konnte mich zu nichts anderem mehr gebrauchen. Als ich nun die Lanze diesem Mann in die Seite gestoßen habe, da ist Blut und Wasser aus seinem Herzen geflossen, den Schaft der Lanze entlang ist es geronnen, bis auf meine Hände. Ich habe mir immer die Augen gerieben, weil sie so gebrannt haben, ich konnte so schlecht sehen. Als dann das Blut meine Augen berührt hat, da habe ich wieder sehen können. Da habe ich alles gesehen, wie es ist.«

»Du kneifst immer noch deine Augen zusammen«, sagt Thomas.

»Gewohnheit«, sagt Longinus. Dann erzählt er weiter: »Im Augenblick, als Jesus gestorben ist, hat es eine Sonnenfinsternis gegeben. Ein Beben hat die Erde geschüttelt. Es hieß, unten im Tempel sei eine Säule umgestürzt, und der Vorhang sei zerrissen. Ich habe gewußt, der da stirbt, war der Messias, der Sohn Gottes. Ich glaube an ihn.«

Sagt Longinus.

## Was Johannes dem Thomas vom Judas erzählt

Johannes und Thomas verlassen den Soldaten Longinus. Sie sind sehr bedrückt, sie begeben sich aus der Stadt hinaus, das Kinn auf der Brust, sie gehen den Bekennerweg. So nennt ihn Thomas im stillen. Erst ein paar Monate ist es her, seit Thomas zusammen mit Judas Iskariot hier gegangen war. Nun erscheint es ihm, als wäre dieser Spaziergang in einer anderen Zeit, in einer anderen Welt geschehen.

Thomas und Johannes setzen sich unter einen Ölbaum.

»Was ist mit Judas Iskariot?« fragt Thomas. »Warum hat er das getan? Weißt du es? Warum hat er ihn verraten?«

»Ich weiß es nicht«, sagt Johannes, »ich weiß es wirklich nicht. Er hat dreißig Silberlinge dafür bekommen. Das kann doch nicht der Grund sein! Er hätte doch nicht für dieses Geld Jesus verraten! Er war wohlhabend. Er hat unsere Kasse geführt. Wäre es ihm nur um das Geld gegangen, hätte er doch einfach mit der Kasse davonlaufen können. Da waren mehr als dreißig Silberlinge drin.«

»Er hat so getan, als hätte er Jesus für Geld verraten, vor sich selber hat er so getan«, sagt Thomas.

»Aber warum denn!« ruft Johannes aus. »Was soll das für einen Sinn haben!«

»Für Geld tut der Mensch viel Böses, und es kommt den Leuten nicht so schlimm vor, wenn einer wegen des Geldes etwas Böses tut als aus einem anderen Grund.«

»Das versteh ich nicht«, sagt Johannes.

»Das böseste Böse braucht keinen Grund«, sagt Thomas, »aber es will sich verbergen. Deshalb gibt der Böse einen Grund an, warum er böse ist. Damit verharmlost er das Böse. Und Geld ist ein Grund, den jeder versteht. Aber sag, Johannes, was ist aus Judas geworden! Lebt er? Was tut er?«

»Nein, er lebt nicht mehr«, sagt Johannes. »Er lebt nicht mehr. Er hat wohl nicht damit gerechnet, daß Jesus zum Tod verurteilt wird. Als er erfuhr, daß Jesus zum Tode verurteilt worden war, daß er gekreuzigt werden sollte, da ist er zu den Hohenpriestern gegangen und hat ihnen gesagt: ›Nehmt das Geld zurück, ich will es nicht.‹

Sie haben ihm gesagt: ›Das interessiert uns nicht. Schau, daß du weiterkommst! Niemand will etwas mit einem Verräter zu tun haben.‹

Er hat das Geld in den Tempel geworfen. Dann hat er sich aufgehängt.«

»Wer hat ihn gefunden?« fragt Thomas.

»Er sei so zwischen Himmel und Erde gehangen. Die Dämonen hätten ihn geholt.«

»Wer sagt das?«

»Wird erzählt. Die Dämonen hätten seinen Körper verunstaltet, so daß er das häßlichste Wesen geworden sei, das je auf dieser Erde geweilt habe. Alles, alles sei an diesem Judas häßlich geworden, nur der Mund nicht, der sei schön und frisch geblieben. Und warum? Weil die Lippen die Wangen des Herrn berührt hätten. So sei er aus der Welt geworfen worden, dieser Judas«, erzählt Johannes. »Das ist alles, was ich weiß!«

»Was ist weiter geschehen?« fragt Thomas.

Johannes erzählt, was er weiß: »Als dann Jesus tot war, hat man den Leichnam dem Josef von Arimatäa übergeben. Pontius Pilatus hat das angeordnet, weil Josef von Arimatäa darum gebeten hat. Und dafür bezahlt hat. Er hat ihn in sein eigenes Grab legen lassen. Und dann – dann ist er auferstanden.«

»Was heißt, er ist auferstanden?« fragt Thomas.

»Ja, Jesus ist auferstanden. Das Grab war leer.«

## Was Nikodemus dem Thomas erzählt

Die beiden begeben sich zu Nikodemus. Der soll mehr wissen. Angeblich. Sagt Johannes.

Nikodemus sitzt in seiner reichen Bibliothek, er ist ein gebildeter Bürger. Er ist ein gütiger Mann. Er ist ein etwas vorsichtiger Mann. Er ist ein Mann, der von der Überzeugung lebt, daß alles in dieser Welt erst wirklich ist, wenn es in einem Buch steht, und daß alles, was in einem Buch steht, wirklich ist. So einer ist Nikodemus.

»Ja, wißt ihr«, sagt Nikodemus zu Thomas und Johannes, »man kann das alles nachlesen, das mit der Auferstehung, natürlich kann man das alles nachlesen, in den gebildeten Büchern der Griechen steht es.«

»Die Wahrheit muß man sehen«, sagt Thomas. »Man

muß sie angreifen, hören, riechen, schmecken. Erzähl uns, was du gesehen hast, was du gehört hast!«

Nikodemus sagt: »Hört zu, es gibt auch eine Wahrheit, die in den Büchern steht, die kann man nicht hören, nicht sehen, nicht schmecken, nicht anfassen. Ja, Jesus ist vom Tode auferstanden, und er ist wie Herakles, wie Odysseus, wie Äneas, wie Theseus hinabgestiegen in die Unterwelt. Er ist hinabgestiegen in die Hölle«, fährt Nikodemus fort mit dem Satz, der später im Glaubensbekenntnis wiederkehrte, »und hat dort den Hades getroffen, den Gott der Unterwelt. Und auch Satan war in der Unterwelt.

Jesus sagte zu Hades: ›Ich bin der König der Könige, ich bin derjenige, der an diesem Holz erhöht worden ist, das vor langer Zeit in dein Reich hinabgesunken war. Nun hole ich die Gerechten ab und führe sie ins Paradies.‹

Und Hades war damit einverstanden. Aber Satan nicht, er sagte: ›Das kannst du doch nicht zulassen! Du kannst nicht zulassen, daß die Gerechten aus deinem Reich geführt werden!‹ Aber Hades erkannte, wer der König der Könige ist.«

So Nikodemus zu Johannes und Thomas, die sich immer wieder heimliche Blicke zuwerfen.

»Und was sagte Hades? ›Alles, was du, Satan, durch das Holz der Erkenntnis gewonnen hast, das hast du durch das Holz des Kreuzes wieder verloren.‹ Das sagte der alte, kluge Gott Hades. Dann hat Jesus die Gerechten aus der Unterwelt heraus ins Paradies geführt.«

So erzählt Nikodemus.

# Als Jesus dem Thomas den Zweifel nahm

Nun wußte Thomas, was es zu wissen gab.

»Was wirst du jetzt tun?« fragte er den Johannes.

»Was werde ich tun? Ich weiß es noch nicht«, sagte der. »Ich werde die anderen suchen, Petrus, Andreas, Jakobus, Philippus … Und du? Kommst du mit mir?«

»Nein«, sagte Thomas.

»Was wirst du tun?«

»Ich weiß es nicht.«

»Deine Arbeit wiederaufnehmen? Als Baumeister? Baumeister kann man überall brauchen. Du kannst ja wegziehen von Jerusalem. Einen wie dich kann man überall brauchen.«

»Ich weiß es noch nicht«, sagte Thomas. »Ich muß nachdenken.«

»Und du willst wirklich nicht mit uns kommen?«

»Wohin?«

»Jesus wird uns den Weg zeigen.«

»Er ist tot. Wie soll ein Toter einem Lebenden den Weg zeigen!«

»Er wird wiederkommen«, sagte Johannes.

Thomas sah Johannes lange an.

»Das glaubst du. Ich sehe dir an, daß du es glaubst. Das ist gut. Das wird dich glücklich machen. Ich kann es nicht glauben.«

Dann trennten sich die beiden.

Thomas kehrte in sein Haus zurück. Aber er verkroch sich nicht in seinem Bett. Er pflegte den Garten, machte Besorgungen. Eine Zeitlang würde er ohne Arbeit leben können. Er verfügte über genügend Mittel. Bald grüßten ihn die Nachbarn auch wieder. Gesprächen wich er aus. Als Verräter betrachtete ihn niemand mehr. Die Leute wußten, daß er zur Gruppe um den Nazarener gehört hatte, und der Nazarener war von den Römern ermordet worden, und wer ein Feind der Römer war, der mußte ein guter Mensch sein, und wer der Freund eines Feindes der Römer war, der konnte auch nicht schlecht sein. So dachten die Leute.

So lebte Thomas eine Zeit. Sein Herz war verwundet. In der Nacht saß er in seinem dunklen Haus und starrte vor sich hin. Und konnte nicht schlafen.

Eines Tages bekam er Besuch. Seine Freunde kamen, Petrus, Jakobus, Philippus, Andreas, Johannes und die anderen.

»Es ist etwas geschehen«, sagten sie. »Er ist uns erschienen!«

»Wer ist euch erschienen?«

»Jesus.«

»Er ist tot!«

»Er hat uns gepredigt.«

»Was redet ihr da! Er ist tot! Er ist aufgehängt worden, er ist gekreuzigt worden. Sie haben ihn umgebracht, sie haben ihn gegeißelt, sie haben ihn gequält, gefoltert. Eine Lanze ist in sein Herz gestochen worden! Er ist tot!«

»Aber er ist uns erschienen«, sagten sie. »Glaub es uns!«

»Ich glaube es nicht!« sagte Thomas. »Ich glaube es nicht, ich glaube es nicht, ich glaube es nicht! Wenn ich nicht meine Hand in seine Wunden legen kann, dann glaube ich es nicht! Wenn ich ihn nicht sehen, wenn ich ihn nicht anfassen kann, wenn ich ihn nicht hören kann, dann glaube ich es nicht!«

Die Freunde verließen ihn. Da saß nun Thomas vor seinem Haus. Im Schatten. Allein. Im Herzen verwundet.

Und dann stand Jesus vor ihm.

»Thomas«, sagte er, »leg deine Hand in meine Wunden! Du bist mein Bruder.«

Da hat ihm Thomas geglaubt.

Thomas der Zwilling, Thomas der Zweifler. War nun für alle Zeit der Zweifel aus dem Herzen des Thomas verbannt? Der Zweifel, heißt es, ist der gute Lehrer, der aus der leichtsinnigen Zuversicht die weise Hoffnung macht.

# Nachwort

Es ist vorgekommen, daß ich zu schreiben begonnen habe und wußte, was ich will. Ich meine, ich hatte ein Bild von der Figur, über die ich schreiben wollte, ich hatte eine Choreographie ihrer Bewegungen im Kopf, und ihre Seele kannte ich auch. – Nie ist etwas daraus geworden. Pappe. Papier. Wenn es eine Erfahrung gibt, die ich beim Schreiben gewonnen habe, dann die: Ich muß hinter den Figuren hergehen, schreibend, sie müssen mich führen, nicht ich sie. Die Figuren erzählen mir ihre Geschichte, nicht ich erfinde eine Geschichte für sie.

Eigentlich ist es immer nur eine Figur. Eine Figur erzählt, und es hat keinen Sinn, sie zu kritisieren oder gar zu korrigieren. Wenn sie etwas anderes will als ich, dann muß ich nachgeben. Sonst schweigt sie.

Was aber, wenn diese Figur Jesus Christus sein soll? Geht das? Erzählt er mir eine Geschichte, die er sonst noch keinem erzählt hat? Nein, das tut er nicht. Das hat er jedenfalls nicht getan. Ich bin kein Historiker, kein Religionswissenschaftler, kein Prediger. Die wünschen sich vieles. Ich wünsche mir wenig. Keine Erlösung erwarte ich von den Personen, über die ich schreibe. Nicht einmal die Wahrheit erwarte ich. Wie sollte ich die Wahrheit erkennen? Ich hoffe lediglich, daß mir eine Person eine Geschichte erzählt. Jesus hat das nicht getan. Es hätte mich auch gewundert, wenn er mir Dinge erzählt hätte, die er bisher geheimgehalten hatte. Angenommen, er ist Gott – würde er einem Menschen eine Geschichte erzählen?

So viel weiß ich: Geschichtenerzählen ist nicht Göttersache. Die machen Geschichte. Erzählen tun wir sie. Ich habe mich kundig gemacht. Ich habe Bücher gelesen. Willkürlich habe ich eine Auswahl getroffen. Soll darüber die Nase rümpfen, wer will. Allein im 20. Jahrhundert – habe ich irgendwo gelesen – sollen sechzigtausend Bücher über das Leben und das Leiden Jesu geschrieben worden sein. Informationen, Geschichten, Legenden, Märchen, Wissenschaftliches, Erbauliches – all das macht einem das Erzählen nicht leichter.

Um erzählen zu können, benötigt man einen, der einem etwas erzählt. Thomas, dieser verzweifelt aufgeklärte Apostel, hat mir eine Geschichte erzählt. Er hat mir die Geschichte des Nazareners erzählt. Eine Geschichte, die unglaublich ist, so unglaublich, daß sie mein Erzähler selbst immer wieder anzweifelte. Aber es war dann zuletzt doch wieder nicht die Geschichte Jesu, sondern eben die Geschichte des Thomas. Was Jesus aus ihm gemacht hat – das hat mir Thomas erzählt. Es genügt, finde ich.

Ich habe das Thomasevangelium gelesen. Dort wird gar nicht erzählt. Nur Sprüche werden wiedergegeben. Jesus sagt, Jesus sagt, Jesus sagt. Und dann wird zitiert. Aber wenn ich mich in den Zustand des Erzählens sinken lasse, ein Zustand, der dem der Müdigkeit sehr ähnlich ist, einer willenlosen Müdigkeit, dann höre ich die Stimme, die diese zitierten Sätze nachspricht. Und ich frage: Wer spricht da? Und: Wer hat diese Sätze als erster gesprochen? Und: Du, der du diese Sätze für mich wiedergibst, was hat dich veranlaßt, so genau zuzuhören, was Jesus sagte? Und dann erzählt Thomas in meine Müdigkeit hinein. Und er erzählt von sich. Nur von sich. Er ist schließlich ein guter Erzähler ...

## Michael Köhlmeier

### Geschichten von der Bibel

*Von der Erschaffung der Welt bis Josef in Ägypten*
*268 Seiten. SP 3162*

Die Bibel ist nicht nur das Wort Gottes, sondern auch ein grandioses Geschichtenreservoir der Menschheit. Am Anfang steht die Schöpfung, und damit beginnt Michael Köhlmeier seine Geschichten von der Bibel, die er ursprünglich frei im Rundfunk erzählt hat. Am sechsten Tag bringt Gott mit Adam und Eva die Menschen in die Welt, die sich nach der Vertreibung aus dem Paradies schon bald in Mord und Totschlag üben, wenn Kain seinen Bruder Abel umbringt. Mit der Sintflut setzt der noch sehr unberechenbare Gott ein grausames Zeichen, bis mit dem Turmbau zu Babel die biblische Urgeschichte endet und die Menschheit in alle Winde zerstreut ist. Köhlmeier erzählt weiter von Abraham, Sarah, Isaak und Jakob und schildert schließlich, wie Josef zum zweitmächtigsten Mann in Ägypten wird.

### Bevor Max kam

*Roman. 226 Seiten. SP 3217*

»Mit ›Bevor Max kam‹ läßt der Österreicher Michael Köhlmeier einen Wiener Mythos wieder aufleben: das Kaffeehaus, Treffpunkt gescheiterter Existenzen und hoffnungsfroher Glücksritter. Mittendrin ein Erzähler, der mit der gelassenen Neugier des gleichgültig Reisenden das Gute wie das Schlechte, gelebtes wie erzähltes Leben durchschreitet und dabei nie den Respekt vor seinen Figuren verliert. 55 Momentaufnahmen verwebt Köhlmeier zu einem Kaleidoskop menschlicher Sehnsüchte und Ängste ... Gewürzt mit der Melancholie verzweifelter Optimisten erinnern Köhlmeiers Charaktere an den Erzähler Oscar Wilde. Dessen Überzeugung, daß das Leben viel zu wichtig sei, um es wirklich ernst zu nehmen, scheint ihr Dasein zu bestimmen.«
Berliner Morgenpost

**SERIE PIPER**